Nietzsche | Menschliches

W0067441

[Was bedeutet das alles?]

Friedrich Nietzsche

Menschliches

Aphorismen

Herausgegeben von Kai Sina

Reclam

RECLAMS UNIVERSAL-BIBLIOTHEK Nr. 19071
Alle Rechte vorbehalten
© 2013 Philipp Reclam jun. GmbH & Co. KG, Stuttgart
Gestaltung: Cornelia Feyll, Friedrich Forssman
Gesamtherstellung: Reclam, Ditzingen. Printed in Germany 2013
RECLAM, UNIVERSAL-BIBLIOTHEK und
RECLAMS UNIVERSAL-BIBLIOTHEK sind eingetragene Marken
der Philipp Reclam jun. GmbH & Co. KG, Stuttgart
ISBN 978-3-15-019071-5
www.reclam.de

Inhalt

Sitz' den ganzen Tag am Wege
Bis der Schatten kälter wird,
Und in tieferem Gehege
Abwärts zieht Herd und Hirt
Alle Ziegen drängen traulich
Sich an meinem Knie vorbei
Lecken mir die Hand
dass ich blind und einsam sei.

I Selbst-Entdeckung

»diese Welt unsere Vorstellung« – Wesen der Dinge

»Erkenne dich selbst« ist die ganze Wissenschaft. – Erst am Ende der Erkenntnis aller Dinge wird der Mensch sich selber erkannt haben. Denn die Dinge sind nur die Grenzen des Menschen.

Worin wir Alle unvernünftig sind. – Wir ziehen immer noch die Folgerungen von Urteilen, die wir für falsch halten, von Lehren, an die wir nicht mehr glauben, – durch unsere Gefühle.

Wer uns das Wesen der Welt enthüllte, würde uns Allen die unangenehmste Enttäuschung machen. Nicht die Welt als Ding an sich, sondern die Welt als Vorstellung (als Irrtum) ist so bedeutungsreich, tief, wundervoll, Glück und Unglück im Schoße tragend.

Die Welt, soweit wir sie erkennen können, ist unsere eigene Nerventätigkeit, nichts mehr.

Mensch und Dinge. – Warum sieht der Mensch die Dinge nicht? Er steht selber im Wege: Er verdeckt die Dinge.

Es war Abend, Tannengeruch strömte heraus, man sah hindurch auf graues Gebirge, oben schimmerte der Schnee. Blauer beruhigter Himmel darüber aufgezogen. – So etwas sehen wir nie, wie es an sich ist, sondern legen immer eine zarte Seelenmembrane darüber – diese sehen wir dann. Vererbte Empfindungen, eigene Stimmungen werden bei diesen Naturdingen wach. Wir sehen etwas von uns selber – insofern ist auch diese Welt unsere Vorstellung. Wald, Gebirge, ja das ist nur Begriff, es ist unsere Erfahrung und Geschichte, ein Stück von uns.

Die zwei Richtungen. – Versuchen wir den Spiegel an sich zu betrachten, so entdecken wir endlich Nichts, als die Dinge auf ihm. Wollen wir die Dinge fassen, so kommen wir zuletzt wieder auf Nichts, als auf den Spiegel. – Dies ist die allgemeinste Geschichte der Erkenntnis.

So wenig ein Leser heute die einzelnen Worte (oder gar Silben) einer Seite sämtlich abliest – er nimmt vielmehr aus zwanzig Worten ungefähr fünf nach Zufall heraus und »errät« den zu diesen fünf Worten mutmaßlich zugehörigen Sinn –, eben so wenig sehen wir einen Baum genau und vollständig, in Hinsicht auf Blätter, Zweige, Farbe, Gestalt; es fällt uns so sehr viel leichter, ein Ungefähr von Baum hin zu phantasieren. Selbst inmitten der seltsamsten Erlebnisse machen wir es noch ebenso: Wir erdichten uns den größten Teil des Erlebnisses und sind kaum dazu zu zwingen, n i c h t als »Erfinder« irgend einem Vorgange zuzuschauen. Dies Alles will sagen: wir sind von Grund aus, von Alters her – ans Lügen gewöhnt. Oder, um es tugendhafter und heuchlerischer, kurz angenehmer auszudrücken: Man ist viel mehr Künstler als man weiß. – In einem lebhaften Gespräch sehe ich oftmals das Gesicht der Person, mit der ich rede, je nach dem Gedanken, den sie äußert, oder den ich bei ihr hervorgerufen glaube, so deutlich und feinbestimmt vor mir, dass dieser Grad von Deutlichkeit weit über die Kraft meines Sehvermögens hinausgeht: – Die Feinheit des Muskelspiels und des Augen-Ausdrucks muss also von mir hinzugedichtet sein. Wahrscheinlich machte die Person ein ganz anderes Gesicht oder gar keins.

Jene uns verborgene Welt viel bedeutungsleerer als die bekannte. Unwillkürlich nimmt man das Gegenteil an. Aber Not als Mutter, Irrtum als Vater haben den Glauben geschaffen.

Vom Stundenzeiger des Lebens. – Das Leben besteht aus seltenen einzelnen Momenten von höchster Bedeutsamkeit und unzählig vielen Intervallen, in denen uns besten Falls die Schattenbilder jener Momente umschweben. Die Liebe, der Frühling, jede schöne Melodie, das Gebirge, der Mond, das Meer – Alles redet nur einmal ganz zum Herzen: wenn es überhaupt je ganz zu Worte kommt. Denn viele Menschen haben jene Momente gar nicht und sind selber Intervalle und Pausen in der Symphonie des wirklichen Lebens.

Das Leben als Ertrag des Lebens. – Der Mensch mag sich noch so weit mit seiner Erkenntnis ausrecken, sich selber noch so objektiv vorkommen: zuletzt trägt er doch Nichts davon, als seine eigene Biographie.

Letzte Skepsis. – Was sind denn zuletzt die Wahrheiten des Menschen? – Es sind die unwiderlegbaren Irrtümer des Menschen.

Ich misstraue allen Systematikern und gehe ihnen aus dem Weg. Der Wille zum System ist ein Mangel an Rechtschaffenheit.

»Das sogenannte ›Ich‹« – Wesen des Menschen

Das ist der Mensch: eine neue Kraft, eine erste Bewegung: ein aus sich rollendes Rad; wäre er stark genug, er würde die Sterne um sich herumrollen machen.

Was ist der Mensch? Ein Haufen von Leidenschaften, welche durch die Sinne und den Geist in die Welt hineingreifen: ein Knäuel wilder Schlangen, die selten des Kampfes müde werden: dann blicken sie in die Welt, um da ihre Beute zu machen.

Moral ist eine Wichtigtuerei des Menschen vor der Natur.

Im Menschen hausen viele Geister wie Tiere des Meeres – die kämpfen mit einander um den Geist »Ich«: Sie lieben es, sie wollen, dass es sich ihnen auf den Rücken setze, sie hassen sich einander um dieser Liebe willen.

Kritik der Tiere. – Ich fürchte, die Tiere betrachten den Menschen als ein Wesen Ihresgleichen, das in höchst gefährlicher Weise den gesunden Tierverstand verloren hat, – als das wahnwitzige Tier, als das lachende Tier, als das weinende Tier, als das unglückselige Tier.

Das sogenannte »Ich«. – Die Sprache und die Vorurteile, auf denen die Sprache aufgebaut ist, sind uns vielfach in der Ergründung innerer Vorgänge und Triebe hinderlich: zum Beispiel dadurch, dass eigentlich Worte allein für superlativische Grade dieser Vorgänge und Triebe da sind –; nun aber sind wir gewohnt, dort, wo uns Worte fehlen, nicht mehr genau zu beobachten, weil es peinlich ist, dort noch genau zu denken; ja, ehedem schloss man unwillkürlich, wo das Reich der Worte aufhöre, höre auch das Reich des Daseins auf. Zorn, Hass, Liebe, Mitleid, Begehren, Erkennen, Freude, Schmerz, – das sind Alles Namen für extreme Zustände: Die milderen mittleren und gar die immerwährend spielenden niederen Grade entgehen uns, und doch weben sie gerade das Gespinst* unseres Charakters und Schicksals. Jene extremen Ausbrüche – und selbst das mäßigste uns bewusste Wohlgefallen oder Missfallen beim Essen einer Speise, beim Hören eines Tones ist vielleicht immer noch, richtig abgeschätzt, ein extremer Ausbruch – zerreißen sehr oft das Gespinst und sind dann gewalttätige Ausnahmen, zumeist wohl in Folge von Aufstauungen: – und wie vermögen sie als solche den Beobachter irrezuführen! Nicht weniger, als sie den handelnden Menschen in die Irre führen. Wir sind Alle nicht Das, als was wir nach den Zuständen erscheinen, für die wir allein Bewusstsein und Worte – und folglich Lob und Tadel – haben; wir verkennen uns nach diesen gröberen Ausbrüchen, die uns allein bekannt werden, wir machen einen Schluss aus einem Material, in welchem die Ausnahmen die Regel überwiegen, wir verlesen uns in dieser scheinbar

---

* *Gespinst:* Geflecht.

deutlichsten Buchstabenschrift unseres Selbst. Unsere Meinung über uns aber, die wir auf diesem falschen Wege gefunden haben, das sogenannte »Ich«, arbeitet fürderhin mit an unserem Charakter und Schicksal.

Ich und Mich sind immer zwei verschiedene Personen.

Zur Beruhigung des Skeptikers. – »Ich weiß durchaus nicht, was ich tue! Ich weiß durchaus nicht, was ich tun soll!« – Du hast Recht, aber zweifle nicht daran: du wirst getan! in jedem Augenblicke! Die Menschheit hat zu allen Zeiten das Aktivum und das Passivum verwechselt, es ist ihr ewiger grammatikalischer Schnitzer.

Gefühle und deren Abkunft von Urteilen. – »Vertraue deinem Gefühle!« – Aber Gefühle sind nichts Letztes, Ursprüngliches, hinter den Gefühlen stehen Urteile und Wertschätzungen, welche in der Form von Gefühlen (Neigungen, Abneigungen) uns vererbt sind. Die Inspiration, die aus dem Gefühle stammt, ist das Enkelkind eines Urteils – und oft eines falschen! – und jedenfalls nicht deines eigenen! Seinem Gefühle vertrauen – das heißt seinem Großvater und seiner Großmutter und deren Großeltern mehr gehorchen als den Göttern, die in uns sind: unserer Vernunft und unserer Erfahrung.

Der unveränderliche Charakter. – Dass der Charakter unveränderlich sei, ist nicht im strengen Sinne wahr; vielmehr heißt dieser beliebte Satz nur so viel, dass während der kurzen Lebensdauer eines Menschen die einwirkenden Motive gewöhnlich nicht tief genug ritzen können, um die aufgeprägten Schriftzüge vieler Jahrtausende zu zerstören. Dächte man sich aber einen Menschen von achtzigtausend Jahren, so hätte man an ihm sogar einen absolut veränderlichen Charakter: so dass eine Fülle verschiedener Individuen sich nach und nach aus ihm entwickelte. Die Kürze des menschlichen Lebens verleitet zu manchen irrtümlichen Behauptungen über die Eigenschaften des Menschen.

Was ist denn der Nächste! – Was begreifen wir denn von unserem Nächsten, als seine Grenzen, ich meine, Das, womit er sich auf und an uns gleichsam einzeichnet und eindrückt? Wir begreifen Nichts von ihm, als die Veränderungen an uns, deren Ursache er ist, – unser Wissen von ihm gleicht einem hohlen geformten Raume. Wir legen ihm die Empfindungen bei, die seine Handlungen in uns hervorrufen, und geben ihm so eine falsche umgekehrte Positivität. Wir bilden ihn nach unserer Kenntnis von uns, zu einem Satelliten unseres eigenen Systems: und wenn er uns leuchtet oder sich verfinstert, und wir von Beidem die letzte Ursache sind, – so glauben wir doch das Gegenteil! Welt der Phantome, in der wir leben! Verkehrte, umgestülpte, leere, und doch voll und gerade geträumte Welt!

Traum und Kultur. – Die Gehirnfunktion, welche durch den Schlaf am meisten beeinträchtigt wird, ist das Gedächtnis: nicht dass es ganz pausierte, – aber es ist auf einen Zustand der Unvollkommenheit zurückgebracht, wie es in Urzeiten der Menschheit bei Jedermann am Tage und im Wachen gewesen sein mag. Willkürlich und verworren, wie es ist, verwechselt es fortwährend die Dinge auf Grund der flüchtigsten Ähnlichkeiten: aber mit derselben Willkür und Verworrenheit dichteten die Völker ihre Mythologien, und noch jetzt pflegen Reisende zu beobachten, wie sehr der Wilde zur Vergesslichkeit neigt, wie sein Geist nach kurzer Anspannung des Gedächtnisses hin und her zu taumeln beginnt und er, aus bloßer Erschlaffung, Lügen und Unsinn hervorbringt. Aber wir Alle gleichen im Traume diesem Wilden; das schlechte Wiedererkennen und irrtümliche Gleichsetzen ist der Grund des schlechten Schließens, dessen wir uns im Traume schuldig machen: so dass wir, bei deutlicher Vergegenwärtigung eines Traumes, vor uns erschrecken, weil wir so viel Narrheit in uns bergen. – Die vollkommene Deutlichkeit aller Traum-Vorstellungen, welche den unbedingten Glauben an ihre Realität zur Voraussetzung hat, erinnert uns wieder an Zustände früherer Menschheit, in der die Halluzination außerordentlich häufig war und mitunter ganze Gemeinden, ganze Völker gleichzeitig ergriff. Also: im Schlaf und Traum machen wir das Pensum früheren Menschentums noch einmal durch.

Das Unlogische notwendig. – Zu den Dingen, welche einen Denker in Verzweiflung bringen können, gehört die Erkenntnis, dass das Unlogische für den Menschen nötig ist, und dass aus dem Unlogischen vieles Gute entsteht. Es steckt so fest in den Leidenschaften, in der Sprache, in der Kunst, in der Religion und überhaupt in Allem, was dem Leben Wert verleiht, dass man es nicht herausziehen kann, ohne damit diese schönen Dinge heillos zu beschädigen. Es sind nur die allzu naiven Menschen, welche glauben können, dass die Natur des Menschen in eine rein logische verwandelt werden könne; wenn es aber Grade der Annäherung an dieses Ziel geben sollte, was würde da nicht Alles auf diesem Wege verloren gehen müssen! Auch der vernünftigste Mensch bedarf von Zeit zu Zeit wieder der Natur, das heißt seiner unlogischen Grundstellung zu allen Dingen.

Selbstbeobachtung. – Der Mensch ist gegen sich selbst, gegen Auskundschaftung und Belagerung durch sich selber, sehr gut verteidigt, er vermag gewöhnlich nicht mehr von sich, als seine Außenwerke wahrzunehmen. Die eigentliche Festung ist ihm unzugänglich, selbst unsichtbar, es sei denn, dass Freunde und Feinde die Verräter machen und ihn selber auf geheimem Wege hineinführen.

Wohin man reisen muss. – Die unmittelbare Selbstbeobachtung reicht nicht lange aus, um sich kennen zu lernen: wir brauchen Geschichte, denn die Vergangenheit strömt in hundert Wellen in uns fort; wir selber sind ja Nichts als Das, was wir in jedem Augenblick von diesem Fortströmen empfinden. Auch hier sogar, wenn wir in den Fluss unseres anscheinend eigensten und persönlichsten Wesens hinabsteigen wollen, gilt Heraklits Satz: Man steigt nicht zweimal in denselben Fluss.

»was ein Mensch sichtbar werden lässt« – Maskierungen

Wie der Schein zum Sein wird. – Der Schauspieler kann zuletzt auch beim tiefsten Schmerz nicht aufhören, an den Eindruck seiner Person und den gesamten szenischen Effekt zu denken, zum Beispiel selbst beim Begräbnis seines

Kindes; er wird über seinen eignen Schmerz und dessen Äußerungen weinen, als sein eigener Zuschauer. Der Heuchler, welcher immer ein und dieselbe Rolle spielt, hört zuletzt auf, Heuchler zu sein; zum Beispiel Priester, welche als junge Männer gewöhnlich bewusst oder unbewusst Heuchler sind, werden zuletzt natürlich und sind dann wirklich, ohne alle Affektation*, eben Priester; oder wenn es der Vater nicht so weit bringt, dann vielleicht der Sohn, der des Vaters Vorsprung benutzt, seine Gewöhnung erbt. Wenn Einer sehr lange und hartnäckig Etwas s c h e i n e n will, so wird es ihm zuletzt schwer, etwas Anderes zu s e i n. Der Beruf fast jedes Menschen, sogar des Künstlers, beginnt mit Heuchelei, mit einem Nachmachen von Außen her, mit einem Kopieren des Wirkungsvollen. Der, welcher immer die Maske freundlicher Mienen trägt, muss zuletzt eine Gewalt über wohlwollende Stimmungen bekommen, ohne welche der Ausdruck der Freundlichkeit nicht zu erzwingen ist, – und zuletzt wieder bekommen diese über ihn Gewalt, er ist wohlwollend.

Wenn die Lüge zu unserm Charakter stimmt, lügen wir am besten.

Viel von sich reden ist auch ein Mittel sich zu verbergen.

Wie? Ein großer Mann? Ich sehe in ihm nur den Schauspieler seines eignen Ideals.

---

* *Affektation*: emotionale Beteiligung.

Die Leugner des Zufalls. – Kein Sieger glaubt an den Zufall.

Haut der Seele. – Wie die Knochen, Fleischstücke, Eingeweide und Blutgefäße mit einer Haut umschlossen sind, die den Anblick des Menschen erträglich macht, so werden die Regungen und Leidenschaften der Seele durch die Eitelkeit umhüllt: Sie ist die Haut der Seele.

Hinterfragen. – Bei Allem, was ein Mensch sichtbar werden lässt, kann man fragen: Was soll es verbergen? Wovon soll es den Blick ablenken? Welches Vorurteil soll es erregen? Und dann noch: Bis wie weit geht die Feinheit dieser Verstellung? Und worin vergreift er sich dabei?

Tief sein und tief scheinen. – Wer sich tief weiß, bemüht sich um Klarheit; wer der Menge tief scheinen möchte, bemüht sich um Dunkelheit. Denn die Menge hält Alles für tief, dessen Grund sie nicht sehen kann: Sie ist so furchtsam und geht so ungern ins Wasser.

Tiefe und Trübe. – Das Publikum verwechselt leicht Den, welcher im Trüben fischt, mit Dem, welcher aus der Tiefe schöpft.

II Selbst-Abschätzung

»das Reden ins Allgemeine« –
Sprechen und Denken

»Zeitlos« abzuweisen. In einem bestimmten Augenblick
der Kraft ist die absolute Bedingtheit einer neuen Vertei-
lung aller ihrer Kräfte gegeben: Sie kann nicht still stehn.
»Veränderung« gehört ins Wesen hinein, also auch die Zeit-
lichkeit: womit aber nur die Notwendigkeit der Veränderung noch einmal begrifflich gesetzt wird.

»Die wahre Natur des Menschen« – verbotene Wendung!

Feinde der Wahrheit. – Überzeugungen sind gefährli-
chere Feinde der Wahrheit, als Lügen.

»Alle Menschen sind Sünder« ist eine solche Übertreibung,
wie »alle Menschen sind Irre«, auf welche Ärzte geraten
könnten. Hier sind die Gradunterschiede außer Acht gelassen, und das Wort und die Empfindung, welche der abnor-
me äußerste Grad erweckt hat, sind auf das ganze verwand-
te Seelenleben der mittleren und niederen Grade mit über-
tragen. Man hat die Menschheit schrecklich gemacht,
dadurch dass man eine Abnormität in ihr Wesen verlegte.

Ich suche für mich und meines Gleichen den sonnigen
Winkel inmitten der jetzt wirklichen Welt, jene sonnigen
Vorstellungen, bei denen uns ein Überschuss von Wohl
kommt. Möge dies Jeder für sich tun und das Reden ins Allgemeine, für die »Gesellschaft« bei Seite lassen!

Gewohnheit der Gegensätze. – Die allgemeine ungenaue Beobachtung sieht in der Natur überall Gegensätze (wie z. B. »warm und kalt«), wo keine Gegensätze, sondern nur Gradverschiedenheiten sind. Diese schlechte Gewohnheit hat uns verleitet, nun auch noch die innere Natur, die geistig-sittliche Welt, nach solchen Gegensätzen verstehen und zerlegen zu wollen. Unsäglich viel Schmerzhaftigkeit, Anmaßung, Härte, Entfremdung, Erkältung ist so in die menschliche Empfindung hineingekommen, dadurch dass man Gegensätze an Stelle der Übergänge zu sehen meinte.

Verkehrte Welt. – Man kritisiert einen Denker schärfer, wenn er einen uns unangenehmen Satz hinstellt; und doch wäre es vernünftiger, dies zu tun, wenn sein Satz uns angenehm ist.

Menschenlos. – Wer tiefer denkt, weiß, dass er immer Unrecht hat, er mag handeln und urteilen, wie er will.

»im Verkehre mit Menschen« –
Das »Ich« in Gesellschaft

Wohlwollende Verstellung. – Es ist häufig im Verkehre mit Menschen eine wohlwollende Verstellung nötig, als ob wir die Motive ihres Handelns nicht durchschauten.

Seine »Einzelheit« kennen. – Wir vergessen zu leicht, dass wir im Auge fremder Menschen, die uns zum ersten Male sehen, etwas ganz Anderes sind, als Das, wofür wir uns selber halten: meistens Nichts mehr, als eine in die Augen springende Einzelheit, welche den Eindruck bestimmt.

So kann der sanftmütigste und billigste Mensch, wenn er nur einen großen Schnurrbart hat, gleichsam im Schatten desselben sitzen, und ruhig sitzen, – die gewöhnlichen Augen sehen in ihm den Zubehör zu einem großen Schnurrbart, will sagen: einen militärischen, leicht aufbrausenden, unter Umständen gewaltsamen Charakter – und benehmen sich darnach vor ihm.

Sich nicht täuschen lassen. – Sein Geist hat schlechte Manieren, er ist hastig und stottert immer vor Ungeduld: So ahnt man kaum, in welcher langatmigen und breitbrüstigen Seele er zu Hause ist.

Geist zeigen. – Jeder, der seinen Geist zeigen will, lässt merken, dass er auch reichlich vom Gegenteil hat.

Sich über seine Erbärmlichkeit zu heben. – Das sind mir stolze Gesellen, die, um das Gefühl ihrer Würde und Wichtigkeit herzustellen, immer erst Andere brauchen, die sie anherrschen und vergewaltigen können: Solche nämlich, deren Ohnmacht und Feigheit es erlaubt, dass Einer vor ihnen ungestraft erhabene und zornige Gebärden machen kann! – sodass sie die Erbärmlichkeit ihrer Umgebung nötig haben, um sich auf einen Augenblick über die eigene Erbärmlichkeit zu heben! – Dazu hat Mancher einen Hund, ein Andrer einen Freund, ein Dritter eine Frau, ein Vierter eine Partei und ein sehr Seltener ein ganzes Zeitalter nötig.

Mangel an Schweigsamkeit. – Sein ganzes Wesen überredet nicht – das kommt daher, dass er nie eine gute Handlung, die er tat, verschwiegen hat.

Moralité larmoyante. – Wie viel Vergnügen macht die Moralität! Man denke nur, was für ein Meer angenehmer Tränen schon bei Erzählungen edler, großmütiger Handlungen geflossen ist! – Dieser Reiz des Lebens würde schwinden, wenn der Glaube an die völlige Unverantwortlichkeit überhand nähme.

Mit Vorteil religiös sein. – Es gibt nüchterne und gewerbstüchtige Leute, denen die Religion wie ein Saum höheren Menschentums angestickt ist: Diese tun sehr wohl, religiös zu bleiben, es verschönert sie. – Alle Menschen, welche sich nicht auf irgend ein Waffenhandwerk verstehen – Mund und Feder als Waffen eingerechnet – werden servil*: Für solche ist die christliche Religion sehr nützlich, denn die Servilität nimmt darin den Anschein einer christlichen Tugend an und wird erstaunlich verschönert. – Leute, welchen ihr tägliches Leben zu leer und eintönig vorkommt, werden leicht religiös: dies ist begreiflich und verzeihlich, nur haben sie kein Recht, Religiosität von Denen zu fordern, denen das tägliche Leben nicht leer und eintönig verfließt.

Lucas 18,14 verbessert. – Wer sich selbst erniedrigt, will erhöhet werden.

Wer sich selbst verachtet, achtet sich doch immer noch dabei als Verächter.

---

* *werden servil:* ordnen sich unter, machen sich zu Dienern.

Mitleid fordern als Zeichen der Anmaßung. – Es gibt Menschen, welche, wenn sie in Zorn geraten und die Anderen beleidigen, dabei erstens verlangen, dass man ihnen Nichts übel nehme und zweitens, dass man mit ihnen Mitleid habe, weil sie so heftigen Paroxysmen* unterworfen sind. So weit geht die menschliche Anmaßung.

Ratgeber des Kranken. – Wer einem Kranken seine Ratschläge gibt, erwirbt sich ein Gefühl von Überlegenheit über ihn, sei es, dass sie angenommen oder dass sie verworfen werden. Deshalb hassen reizbare und stolze Kranke die Ratgeber noch mehr als ihre Krankheit.

Die Deminutiv-Welt. – Der Umstand, dass alles Schwache und Hilfsbedürftige zu Herzen spricht, bringt die Gewohnheit mit sich, dass wir Alles, was uns zu Herzen spricht, mit Verkleinerungs- und Abschwächungsworten bezeichnen – also, für unsere Empfindung, schwach und hilfsbedürftig machen.

Grenze der Menschenliebe. – Jeder, welcher sich dafür erklärt hat, dass der Andere ein Dummkopf, ein schlechter Geselle sei, ärgert sich, wenn Jener schließlich zeigt, dass er es nicht ist.

Beleidigen und beleidigt werden. – Es ist weit angenehmer, zu beleidigen und später um Verzeihung zu bitten, als beleidigt zu werden und Verzeihung zu gewähren. Der, welcher das Erste tut, gibt ein Zeichen von Macht und nach-

* *Paroxysmen:* Lähmungen.

her von Güte des Charakters. Der Andere, wenn er nicht als inhuman gelten will, muss schon verzeihen; der Genuss an der Demütigung des Anderen ist dieser Nötigung wegen gering.

Wirkung des Glückes. – Die erste Wirkung des Glückes ist das Gefühl der Macht: Diese will sich äußern, sei es gegen uns selber oder gegen andere Menschen oder gegen Vorstellungen oder gegen eingebildete Wesen. Die gewöhnlichsten Arten, sich zu äußern, sind: Beschenken, Verspotten, Vernichten, – alle drei mit einem gemeinsamen Grundtriebe.

Unter das Tier hinab. – Wenn der Mensch vor Lachen wiehert, übertrifft er alle Tiere durch seine Gemeinheit.

Witz. – Der Witz ist das Epigramm auf den Tod eines Gefühls.

Gegen die Vertraulichen. – Leute, welche uns ihr volles Vertrauen schenken, glauben dadurch ein Recht auf das unsrige zu haben. Dies ist ein Fehlschluss; durch Geschenke erwirbt man keine Rechte.

Nicht anrühren! – Es gibt schreckliche Menschen, welche ein Problem, anstatt es zu lösen, für Alle, welche sich mit ihm abgeben wollen, verfitzen und schwerer lösbar machen. Wer es nicht versteht, den Nagel auf den Kopf zu treffen, soll ja gebeten sein, ihn gar nicht zu treffen.

Der Dünkel, das Gefühl der Macht ist oft ganz unschuldig und gebärdet sich wie ein Kind, ohne von gut und böse zu wissen.

Gewissensbisse nach Gesellschaften. – Warum haben wir nach gewöhnlichen Gesellschaften Gewissensbisse? Weil wir wichtige Dinge leicht genommen haben, weil wir bei der Besprechung von Personen nicht mit voller Treue gesprochen oder weil wir geschwiegen haben, wo wir reden sollten, weil wir gelegentlich nicht aufgesprungen und fortgelaufen sind, kurz weil wir uns in der Gesellschaft benahmen, als ob wir zu ihr gehörten.

Warum man widerspricht. – Man widerspricht oft einer Meinung, während uns eigentlich nur der Ton, mit dem sie vorgetragen wurde, unsympathisch ist.

Der gefährlichste Parteimann. – In jeder Partei ist Einer, der durch sein gar zu gläubiges Aussprechen der Parteigrundsätze die Übrigen zum Abfall reizt.

Anhänger aus Widerspruch. – Wer die Menschen zur Raserei gegen sich gebracht hat, hat sich immer auch eine Partei zu seinen Gunsten erworben.

Was Andere von uns wissen. – Das, was wir von uns selber wissen und im Gedächtnis haben, ist für das Glück unseres Lebens nicht so entscheidend, wie man glaubt. Eines Tages stürzt Das, was Andere von uns wissen (oder zu wissen meinen) über uns her – und jetzt erkennen wir, dass es das Mächtigere ist. Man wird mit seinem schlechten Gewissen leichter fertig, als mit seinem schlechten Rufe.

Alltags-Maßstab. – Man wird selten irren, wenn man extreme Handlungen auf Eitelkeit, mittelmäßige auf Gewöhnung und kleinliche auf Furcht zurückführt.

Unfreiwillige Idealfiguren. – Das peinlichste Gefühl, das es gibt, ist, zu entdecken, dass man immer für etwas Höheres genommen wird, als man ist. Denn man muss sich dabei eingestehen: Irgend Etwas an dir ist Lug und Trug, dein Wort, dein Ausdruck, deine Gebärde, dein Auge, deine Handlung – und dieses trügerische Etwas ist so notwendig wie deine sonstige Ehrlichkeit, hebt aber deren Wirkung und Wert fortwährend auf.

Gründe und ihre Grundlosigkeit. – Du hast eine Abneigung gegen ihn und bringst auch reichliche Gründe für diese Abneigung vor, – ich glaube aber nur deiner Abneigung, und nicht deinen Gründen! Es ist eine Schöntuerei vor dir selber, Das, was instinktiv geschieht, dir und mir wie einen Vernunftschluss vorzuführen.

Die Stunden der Beredsamkeit. – Der Eine hat, um gut zu sprechen, Jemanden nötig, der ihm entschieden und anerkannt überlegen ist, der Andere kann nur vor Einem, den er überragt, völlige Freiheit der Rede und glückliche Wendungen der Beredsamkeit finden: In beiden Fällen ist es der selbe Grund; Jeder von ihnen redet nur gut, wenn er sans gêne*

---

* *sans gêne:* (frz.) ungeniert, salopp.

redet, der Eine, weil er vor dem Höheren den Antrieb der Konkurrenz, des Wettbewerbs nicht fühlt, der Andere ebenfalls deshalb angesichts des Niederen. – Nun gibt es eine ganz andere Gattung von Menschen, die nur gut reden, wenn sie im Wetteifer, mit der Absicht zu siegen, reden. Welche von beiden Gattungen ist die ehrgeizigere: Die, welche aus erregter Ehrsucht gut, oder die, welche aus eben diesen Motiven schlecht oder gar nicht spricht?

»habt ihr keine andere Wahl?« – Menschentypen

Jene spitzigen Geschöpfe, welche selbst ihr Wohlwollen nicht ohne Stiche äußern können.

Wer das fremde Blut hasst oder verachtet, ist noch kein Individuum, sondern eine Art menschliches Protoplasma.

Glück der Bösen. – Diese stillen, düsteren, bösen Menschen haben Etwas, das ihr ihnen nicht streitig machen könnt, einen seltenen und seltsamen Genuss im dolce far niente*, eine Abend- und Sonnenuntergangs-Ruhe, wie sie nur ein Herz kennt, das allzu oft durch Affekte verzehrt, zerrissen, vergiftet worden ist.

Die Menschen der tiefen Traurigkeit verraten sich, wenn sie glücklich sind: Sie haben eine Art, das Glück zu fassen, wie als ob sie es erdrücken und ersticken möchten, aus Eifersucht, – ach, sie wissen zu gut, dass es ihnen davonläuft!

---

* *dolce far niente*: (ital.) süßes Nichtstun.

Ich mag die düstern Duckmäuser und Molche nicht. Auf Irrlichter bin ich gram und alles, was vom Sumpfe stammt. Ist denn das Leben ein Sumpf?

Der Denker. – Er ist ein Denker: Das heißt, er versteht sich darauf, die Dinge einfacher zu nehmen, als sie sind.

Vergnügte Säue oder sterbende Fechter – habt ihr keine andere Wahl?

Ich unterscheide unter den philosophischen Menschen zwei Gattungen: Die einen sinnen immer über ihre Verteidigung nach, die anderen über einen Angriff auf ihre Feinde.

Seifenblasen und Schmetterlinge und was ihrer Art unter Menschen ist scheinen mit am meisten vom Glücke zu wissen: Diese leichten, törichten beweglichen zierlichen Seelchen flattern zu sehen – das rührt mich zu Tränen und Versen.

Der Durst nach großen und tiefen Seelen – und immer nur dem Herdentier zu begegnen!

Tiefe Menschen. – Diejenigen, welche ihre Stärke in der Vertiefung der Eindrücke haben – man nennt sie gewöhnlich tiefe Menschen – sind bei allem Plötzlichen verhältnismäßig gefasst und entschlossen: Denn im ersten Augenblick war der Eindruck noch flach, er wird dann erst tief. Lange vorhergesehene, erwartete Dinge oder Personen regen aber solche Naturen am meisten auf und machen sie fast unfähig, bei der endlichen Ankunft derselben noch Gegenwärtigkeit des Geistes zu haben.

Ich liebe die Unglücklichen, welche sich schämen; die nicht ihre Nachttöpfe voll Elend auf die Gasse schütten; denen so viel guter Geschmack auf Herz und Zunge zurück blieb, sich zu sagen, »man muss sein Unglück in Ehren halten, man muss es verbergen« ...

Dank. – Eine feine Seele bedrückt es, sich Jemanden zum Dank verpflichtet zu wissen; eine grobe, sich Jemandem.

– Was ist vornehm? Was bedeutet uns heute noch das Wort »vornehm«? Woran verrät sich, woran erkennt man, unter diesem schweren verhängten Himmel der beginnenden Pöbelherrschaft, durch den Alles undurchsichtig und bleiern wird, den vornehmen Menschen? – Es sind nicht die Handlungen, die ihn beweisen, – Handlungen sind immer vieldeutig, immer unergründlich –; es sind auch die »Werke« nicht. Man findet heute unter Künstlern und Gelehrten genug von Solchen, welche durch ihre Werke verraten, wie eine tiefe Begierde nach dem Vornehmen hin sie treibt: Aber gerade dies Bedürfnis nach dem Vornehmen ist von Grund aus verschieden von den Bedürfnissen der vornehmen Seele selbst, und geradezu das beredte und gefährliche Merkmal ihres Mangels. Es sind nicht die Werke, es ist der Glaube, der hier entscheidet, der hier die Rangordnung feststellt, um eine alte religiöse Formel in einem neuen und tieferen Verstande wieder aufzunehmen: Irgend eine Grundgewissheit, welche eine vornehme Seele über sich selbst hat, Etwas, das sich nicht suchen, nicht finden und vielleicht auch nicht verlieren lässt. – Die vornehme Seele hat Ehrfurcht vor sich. –

Maß der Dinge bei den gebundenen Geistern. –
Von vier Gattungen der Dinge sagen die gebundenen Geister, sie seien im Rechte. Erstens: alle Dinge, welche Dauer
haben, sind im Recht; zweitens: alle Dinge, welche uns
nicht lästig fallen, sind im Recht; drittens: alle Dinge, welche uns Vorteil bringen, sind im Recht; viertens: alle Dinge,
für welche wir Opfer gebracht haben, sind im Recht. Letzteres erklärt zum Beispiel, weshalb ein Krieg, der wider
Willen des Volkes begonnen wurde, mit Begeisterung fortgeführt wird, sobald erst Opfer gebracht sind.

Die erziehende Umgebung will jeden Menschen unfrei machen, indem sie ihm immer die geringste Zahl von Möglichkeiten vor Augen stellt. Das Individuum wird von seinen Erziehern behandelt, als ob es zwar etwas Neues sei,
aber eine Wiederholung werden solle. Erscheint der
Mensch zunächst als etwas Unbekanntes, nie Dagewesenes, so soll er zu etwas Bekanntem, Dagewesenem gemacht
werden. Einen guten Charakter nennt man an einem Kinde
das Sichtbarwerden der Gebundenheit durch das Dagewesene; indem das Kind sich auf die Seite der gebundenen
Geister stellt, bekundet es zuerst seinen erwachenden Gemeinsinn; auf der Grundlage dieses Gemeinsinns aber wird
es später seinem Staate oder Stande nützlich.

Verderblich. – Man verdirbt einen Jüngling am sichersten, wenn man ihn anleitet, den Gleichdenkenden höher zu
achten, als den Andersdenkenden.

Unsere Lehrer. – In der Jugend nimmt man seine Lehrer und Wegweiser aus der Gegenwart und aus den Kreisen, auf welche wir gerade stoßen: Wir haben die gedankenlose Zuversicht, dass die Gegenwart Lehrer haben müsse, die für uns mehr, als für jeden Anderen taugen und dass wir sie finden müssen, ohne viel zu suchen. Für diese Kinderei muss man später hartes Lösegeld zahlen: Man muss seine Lehrer an sich abbüßen. Dann geht man wohl nach den rechten Wegweisern suchen in der ganzen Welt herum, die Vorwelt eingerechnet, – aber es ist vielleicht zu spät. Und schlimmsten Falles entdecken wir, dass sie lebten, als wir jung waren – und dass wir uns damals vergriffen haben.

Meister und Schüler. – Zur Humanität eines Meisters gehört, seine Schüler vor sich zu warnen.

Man vergilt einem Lehrer schlecht, wenn man immer »der Schüler« bleibt.

Die Gefahr in der Bewunderung. – Die Bewunderung einer Eigenschaft oder Kunst kann so stark sein, dass sie uns abhält, nach ihrem Besitz zu streben.

An einen Gelobten. – Solange man dich lobt, glaube nur immer, dass du noch nicht auf deiner eigenen Bahn, sondern auf der eines Andern bist.

Der Voreingenommene. – Jemand sagte: Ich bin gegen mich voreingenommen von Kindesbeinen an: Deshalb finde ich in jedem Tadel etwas Wahrheit und in jedem Lobe etwas Dummheit. Das Lob wird von mir gewöhnlich zu gering und der Tadel zu hoch geschätzt.

»jenes zeitweilige Aushängen des kritischen Pendels« – Liebe

Das Zärtlicherwerden. – Wenn wir Jemanden lieben, ehren, bewundern und nun, hinterher, finden, dass er leidet, – immer mit großem Erstaunen, weil wir nicht anders denken, als dass unser von ihm herströmendes Glück aus einem überreichen Borne* eigenen Glückes komme, – so ändert sich unser Gefühl der Liebe, Verehrung und Bewunderung in etwas Wesentlichem: Es wird zärtlicher, das heißt: Die Kluft zwischen ihm und uns scheint sich zu überbrücken, eine Annäherung an Gleichheit scheint stattzufinden. Jetzt erst gilt es uns als möglich, ihm zurückgeben zu können, während er früher über unsere Dankbarkeit erhaben in unserer Vorstellung lebte. Es macht uns dieses Zurückgebenkönnen eine große Freude und Erhebung. Wir suchen zu erraten, was seinen Schmerz lindert, und geben ihm Dies; will er tröstliche Worte, Blicke, Aufmerksamkeiten, Dienste, Geschenke, – wir geben es; vor Allem aber: Will er uns leidend über sein Leid, so geben wir uns als leidend, haben aber bei alledem den Genuss der tätigen Dankbarkeit: als welche, kurz gesagt, die gute Rache ist. Will und nimmt er gar Nichts von uns an, so gehen wir erkältet und traurig, fast gekränkt fort: Es ist, als ob unsere Dankbarkeit zurückgewiesen würde, – und in diesem Ehrenpunkte ist der Gütigste noch kitzlich. – Aus

* *Born:* Brunnen.

dem Allen folgt, dass, selbst für den günstigsten Fall, im Leiden etwas Erniedrigendes und im Mitleiden etwas Erhöhendes und Überlegenheit-Gebendes liegt; was beide Empfindungen auf ewig von einander trennt.

Furcht und Liebe. – Die Furcht hat die allgemeine Einsicht über den Menschen mehr gefördert, als die Liebe, denn die Furcht will errraten, wer der Andere ist, was er kann, was er will: Sich hierin zu täuschen, wäre Gefahr und Nachteil. Umgekehrt hat die Liebe einen geheimen Impuls, in dem Andern so viel Schönes als möglich zu sehen oder ihn sich so hoch als möglich zu heben: Sich dabei zu täuschen, wäre für sie eine Lust und ein Vorteil – und so tut sie es.

Zur Liebe verführen. – Wer sich selber hasst, den haben wir zu fürchten, denn wir werden die Opfer seines Grolls und seiner Rache sein. Sehen wir also zu, wie wir ihn zur Liebe zu sich selber verführen!

Mit der Liebe zu seiner Person will man den Neid gegen sie überspringen.

Liebe als Kunstgriff. – Wer etwas Neues wirklich kennen lernen will (sei es ein Mensch, ein Ereignis, ein Buch), der tut gut, dieses Neue mit aller möglichen Liebe aufzunehmen, von Allem, was ihm daran feindlich, anstößig, falsch vorkommt, schnell das Auge abzuwenden, ja es zu vergessen: so dass man zum Beispiel dem Autor eines Buches den größten Vorsprung gibt und geradezu, wie bei einem Wettrennen, mit klopfendem Herzen danach begehrt, dass er sein Ziel erreiche. Mit diesem Verfahren dringt man nämlich der neuen Sache bis an ihr Herz, bis an ihren bewegenden Punkt: und dies heißt eben sie kennen lernen. Ist man soweit, so macht der Verstand hinterdrein seine Restriktionen*; jene Überschätzung, jenes zeitweilige Aushängen des kritischen Pendels war eben nur der Kunstgriff, die Seele einer Sache herauszulocken.

Die Liebe ist der Zustand, wo der Mensch die Dinge am meisten so sieht, wie sie nicht sind. Die illusorische Kraft ist da auf ihrer Höhe, ebenso die versüßende, die verklärende Kraft. Man erträgt in der Liebe mehr als sonst, man duldet Alles. Es galt eine Religion zu erfinden, in der geliebt werden kann: Damit ist man über das Schlimmste am Leben hinaus – man sieht es gar nicht mehr.

In den meisten Lieben gibt es Einen, der spielt, und Einen, der mit sich spielen lässt: Amor ist vor Allem ein kleiner Theater-Regisseur.

Was aus Liebe getan wird, geschieht immer jenseits von Gut und Böse.

Eine Art Kultus der Leidenschaften. – Ihr Düsterlinge und philosophischen Blindschleichen redet, um den Charakter des ganzen Weltwesens anzuklagen, von dem furchtbaren Charakter der menschlichen Leidenschaften. Als ob überall, wo es Leidenschaft gegeben hat, es auch Furchtbarkeit gegeben hätte! Als ob es immerfort in der Welt diese Art von Furchtbarkeit geben müsste! – Durch

* *Restriktionen:* Beschränkungen.

eine Vernachlässigung im Kleinen, durch Mangel an Selbstbeobachtung und Beobachtung Derer, welche erzogen werden sollen, habt ihr selber erst die Leidenschaften zu solchen Untieren anwachsen lassen, dass euch jetzt schon beim Worte »Leidenschaft« Furcht befällt! Es stand bei euch und steht bei uns, den Leidenschaften ihren furchtbaren Charakter zu nehmen und dermaßen vorzubeugen, dass sie nicht zu verheerenden Wildwassern werden. – Man soll seine Versehen nicht zu ewigen Fatalitäten* aufblasen; vielmehr wollen wir redlich mit an der Aufgabe arbeiten, die Leidenschaften der Menschheit allesamt in Freudenschaften umzuwandeln.

Und wenn du das Leben nicht aushalten kannst, musst du suchen, es lieb zu gewinnen – solches nämlich war immer der Kunstgriff der Weisesten.

Dinge, die man dauernd lieb haben will, muss man ein wenig unter ihrem wahren Werte ansetzen: Man darf nie ganz wissen, was sie sind. Wehe dem, der übertreibt! Er verliert jedes Kleinod: falls er nämlich aus der Stimmung der Übertreibung in ihren Gegensatz gerät.

Sich lieben lassen. – Weil die eine von zwei liebenden Personen gewöhnlich die liebende, die andere die geliebte Person ist, so ist der Glaube entstanden, es gäbe in jedem Liebeshandel ein gleichbleibendes Maß von Liebe: Je mehr eine davon an sich reiße, umso weniger bleibe für die andere Person übrig. Ausnahmsweise kommt es vor, dass die

---

* *Fatalitäten:* hier: Schicksalszwänge.

Eitelkeit jede der beiden Personen überredet, sie sei die, welche geliebt werden müsse; so dass sich beide lieben lassen wollen: woraus sich namentlich in der Ehe mancherlei halb drollige, halb absurde Szenen ergeben.

Geliebt sein wollen. – Die Forderung, geliebt zu werden, ist die größte der Anmaßungen.

Das Verlangen nach Gegenliebe ist Eitelkeit und Sinnlichkeit.

Liebe als Passion ist Verlangen nach absoluter Macht über eine Person: (z.B. wollen, dass man der einzige Gegenstand von Gedanken und Empfindungen sei) Der Liebende sieht die übrige Welt kaum und opfert alle anderen Interessen in diesem Machtdurste. An das Geliebtwerden glauben bringt eine tiefe Sättigung mit sich: »Wir werden als absolute Macht empfunden«!

Die unbedingte Liebe enthält – auch die Begierde misshandelt zu werden: Sie ist dann Trotz gegen sich selber, und aus der Hingebung wird zuletzt selbst der Wunsch der Selbst-Vernichtung: »Gehe unter in diesem Meere!«

Der geschlechtliche Reiz im Aufsteigen unterhält eine Spannung, welche sich im Gefühle der Macht entladet: herrschen wollen – ein Zeichen der sinnlichsten Menschen. Der schwindende Hang des Geschlechtstriebes zeigt sich im Nachlassen des Durstes nach Macht: Das Erhalten und Ernähren und oft die Lust am Essen tritt als Ersatz ein (Elterntrieb ist Erhalten Ordnen Ernähren, nicht Beherrschen, sondern Wohlbefinden sich und anderen schaffen). In der Macht ist das Gefühl, gern wehe zu tun – eine tiefe Gereiztheit des ganzen Organismus, welcher fortwährend Rache nehmen will. Die wollüstigen Tiere sind in diesem Zustand am bösesten und gewalttätigsten, sich selber über ihren Trieb vergessend.

Liebe. – Die Liebe vergibt dem Geliebten sogar die Begierde.

Die Liebe zu Einem ist eine Barbarei: Denn sie wird auf Unkosten aller Übrigen ausgeübt. Auch die Liebe zu Gott.

Liebe und Zweiheit. – Was ist denn Liebe anders als verstehen und sich darüber freuen, dass ein Andrer in andrer und entgegengesetzter Weise, als wir, lebt, wirkt und empfindet? Damit die Liebe die Gegensätze durch Freude überbrücke, darf sie dieselben nicht aufheben, nicht leugnen. – Sogar die Selbsthilfe enthält die unvermischbare Zweiheit (oder Vielheit) in Einer Person als Voraussetzung.

Der Betrug in der Liebe. – Man vergisst manches aus seiner Vergangenheit und schlägt es sich absichtlich aus dem Sinn: Das heißt, man will, dass unser Bild, welches von der Vergangenheit her uns anstrahlt, uns belüge, unserm Dünkel schmeichele – wir arbeiten fortwährend an diesem Selbstbetruge. – Und nun meint ihr, die ihr so viel vom »Sich selbst vergessen in der Liebe«, vom »Aufgehen des Ich in der andern Person« redet und rühmt, dies sei etwas wesentlich anderes? Also man zerbricht den Spiegel, dichtet sich in eine Person hinein, die man bewundert, und genießt nun das neue Bild seines Ich, ob man es schon mit dem Namen der andern Person nennt – und dieser ganze Vorgang soll nicht Selbstbetrug, nicht Selbstsucht sein, ihr Wunderlichen!

Die Leidenschaft zweier Personen für einander – das sind unter allen Umständen zwei Leidenschaften, und mit verschiedenen Kurven Höhepunkten Schnelligkeiten: Ihre Linien können sich kreuzen, nicht mehr.

Von unseren Feinden wollen wir nicht geschont werden – und ebensowenig von denen, die wir von Grund aus lieben.

Wahrscheinlich und unwahrscheinlich. – Eine Frau liebte heimlich einen Mann, hob ihn hoch über sich und sagte sich im Geheimsten hundert Male: »wenn mich ein solcher Mann liebte, so wäre dies wie eine Gnade, vor der ich im Staube liegen müsste!« – Und dem Manne ging es ganz ebenso, und gerade in Bezug auf diese Frau, und er sagte sich im Geheimsten auch gerade diesen Gedanken. Als endlich einmal Beiden die Zunge sich gelöst hatte und sie alles das Verschwiegene und Verschwiegenste des Herzens einander sagten, entstand schließlich ein Stillschweigen und einige Besinnung. Darauf hob die Frau an, mit erkälteter Stimme: »Aber es ist ja ganz klar! wir sind Beide nicht Das, was wir geliebt haben! Wenn du Das bist, was du sagst und nicht mehr, so habe ich mich umsonst erniedrigt und dich geliebt; der Dämon verführte mich so wie dich«. – Diese sehr wahrscheinliche Geschichte kommt nie vor, – weshalb?

»Mitfreude, nicht Mitleiden« –
Freundschaft

Im Vorzimmer der Gunst. – Alle Menschen, die man
lange im Vorzimmer seiner Gunst stehen lässt, geraten in
Gärung oder werden sauer.

Freund. – Mitfreude, nicht Mitleiden, macht den Freund.

Was sind mir Freunde, welche nicht wissen, wo unser
Schweres und wo unser Leichtes liegt! Es gibt Stunden, in
denen wir unsere Freundschaften wiegen.

Es gibt eine vornehme und gefährliche Nachlässigkeit, welche einen tiefen Schluss und Einblick gewährt: die Nachlässigkeit der überreichen Seele, die sich nie um Freunde bemüht hat, sondern nur die Gastfreundschaft kennt, immer
nur Gastfreundschaft übt und zu üben versteht – Herz und
Haus offen für Jedermann, der eintreten will, seien es nun
Bettler oder Krüppel oder Könige. Dies ist die echte Leutse-
ligkeit: Wer sie hat, hat hundert »Freunde«, aber wahrscheinlich keinen Freund.

Von den Freunden. – Überlege nur mit dir selber einmal, wie verschieden die Empfindungen, wie geteilt die
Meinungen selbst unter den nächsten Bekannten sind; wie
selbst gleiche Meinungen in den Köpfen deiner Freunde eine ganz andere Stellung oder Stärke haben, als in deinem;
wie hundertfältig der Anlass kommt zum Missverstehen,
zum feindseligen Auseinanderfliehen. Nach alledem wirst
du dir sagen: Wie unsicher ist der Boden, auf dem alle unse-

re Bündnisse und Freundschaften ruhen, wie nahe sind kalte Regengüsse oder böse Wetter, wie vereinsamt ist jeder Mensch! Sieht Einer dies ein und noch dazu, dass alle Meinungen und deren Art und Stärke bei seinen Mitmenschen ebenso notwendig und unverantwortlich sind wie ihre Handlungen, gewinnt er das Auge für diese innere Notwendigkeit der Meinungen aus der unlösbaren Verflechtung von Charakter, Beschäftigung, Talent, Umgebung, – so wird er vielleicht die Bitterkeit und Schärfe jener Empfindung los, mit der jener Weise rief: »Freunde, es gibt keine Freunde!« Er wird sich vielmehr eingestehen: Ja es gibt Freunde, aber der Irrtum, die Täuschung über dich führte sie dir zu; und Schweigen müssen sie gelernt haben, um dir Freund zu bleiben; denn fast immer beruhen solche menschliche Beziehungen darauf, dass irgend ein paar Dinge nie gesagt werden, ja dass an sie nie gerührt wird; kommen diese Steinchen aber ins Rollen, so folgt die Freundschaft hinterdrein und zerbricht. Gibt es Menschen, welche nicht tödlich zu verletzen sind, wenn sie erführen, was ihre vertrautesten Freunde im Grunde von ihnen wissen?

Das Talent zur Freundschaft. – Unter den Menschen, welche eine besondere Gabe zur Freundschaft haben, treten zwei Typen hervor. Der Eine ist in einem fortwährenden Aufsteigen und findet für jede Phase seiner Entwickelung einen genau zugehörigen Freund. Die Reihe von Freunden, welche er auf diese Weise erwirbt, ist unter sich selten im Zusammenhang, mitunter in Misshelligkeit und Widerspruch: ganz dem entsprechend, dass die späteren Phasen in seiner Entwicklung die früheren Phasen aufheben oder beeinträchtigen. Ein solcher Mensch mag im Scherz eine

Leiter heißen. – Den andern Typus vertritt Der, welcher eine Anziehungskraft auf sehr verschiedene Charaktere und Begabungen ausübt, so dass er einen ganzen Kreis von Freunden gewinnt; diese aber kommen dadurch selber unter einander in freundschaftliche Beziehung, trotz aller Verschiedenheit. Einen solchen Menschen nenne man einen Kreis: denn in ihm muss jene Zusammengehörigkeit so verschiedener Anlagen und Naturen irgendwie vorgebildet sein. – Übrigens ist die Gabe, gute Freunde zu haben, in manchem Menschen viel größer, als die Gabe, ein guter Freund zu sein.

Freunde in der Not. – Mitunter merken wir, dass einer unserer Freunde mehr zu einem Andern, als zu uns gehört, dass sein Zartsinn sich bei dieser Entscheidung quält und seine Selbstsucht dieser Entscheidung nicht gewachsen ist: da müssen wir es ihm erleichtern und ihn von uns fortbeleidigen. – Dies ist ebenfalls da nötig, wo wir in eine Art zu denken übergehen, welche ihm verderblich sein würde: unsere Liebe zu ihm muss uns treiben, durch ein Unrecht, das wir auf uns nehmen, ihm ein gutes Gewissen zu seiner Lossagung von uns zu schaffen.

Die Freunde als Gespenster. – Wenn wir uns stark verwandeln, dann werden unsere Freunde, die nicht verwandelten, zu Gespenstern unserer eignen Vergangenheit: Ihre Stimme tönt schattenhaft-schauerlich zu uns heran – als ob wir uns selber hörten, aber jünger, härter, ungereifter.

Beim Wiedersehen. – Wenn alte Freunde nach langer Trennung einander wiedersehen, ereignet es sich oft, dass sie sich bei Erwähnung von Dingen teilnahmsvoll stellen, die für sie ganz gleichgültig geworden sind: und mitunter merken es beide, wagen aber nicht den Schleier zu heben – aus einem traurigen Zweifel. So entstehen Gespräche wie im Totenreiche.

Seinem Freunde solle man eine Ruhestätte sein, aber ein hartes Bett, ein Feldbett.

Mangel an Vertraulichkeit. – Mangel an Vertraulichkeit unter Freunden ist ein Fehler, der nicht gerügt werden kann, ohne unheilbar zu werden.

»was man versprechen kann« – Ehemänner und Ehefrauen

Probe einer Überlegung vor der Ehe. – Gesetzt, sie liebte mich, wie lästig würde sie mir auf die Dauer werden! Und gesetzt, sie liebte mich nicht, wie lästig würde sie erst da mir auf die Dauer werden! – Es handelt sich nur um zwei verschiedene Arten des Lästigen: – heiraten wir also!

Freundschaft und Ehe. – Der beste Freund wird wahrscheinlich die beste Gattin bekommen, weil die gute Ehe auf dem Talent zur Freundschaft beruht.

Was man versprechen kann. – Man kann Handlungen versprechen, aber keine Empfindungen; denn diese sind unwillkürlich. Wer Jemandem verspricht, ihn immer zu lieben oder immer zu hassen oder ihm immer treu zu sein, verspricht Etwas, das nicht in seiner Macht steht; wohl aber kann er solche Handlungen versprechen, welche zwar gewöhnlich die Folgen der Liebe, des Hasses, der Treue sind, aber auch aus anderen Motiven entspringen können: Denn zu einer Handlung führen mehrere Wege und Motive. Das Versprechen, Jemanden immer zu lieben, heißt also: So lange ich dich liebe, werde ich dir die Handlungen der Liebe erweisen; liebe ich dich nicht mehr, so wirst du doch die selben Handlungen, wenn auch aus anderen Motiven, immerfort von mir empfangen: so dass der Schein in den Köpfen der Mitmenschen bestehen bleibt, dass die Liebe unverändert und immer noch die selbe sei. – Man verspricht also die Andauer des Anscheines der Liebe, wenn man ohne Selbstverblendung Jemandem immerwährende Liebe gelobt.

Hier sind neue Ideale zu erfinden. – Es sollte nicht erlaubt sein, im Zustande der Verliebtheit einen Entschluss über sein Leben zu fassen und einer heftigen Grille* wegen den Charakter seiner Gesellschaft ein für allemal festzusetzen: Man sollte die Schwüre der Liebenden öffentlich für ungültig erklären und ihnen die Ehe verweigern: – und zwar, weil man die Ehe unsäglich wichtiger nehmen sollte! so dass sie in solchen Fällen, wo sie bisher zu Stande kam, für gewöhnlich gerade nicht zu Stande käme! Sind nicht die meisten Ehen der Art, dass man keinen Dritten als Zeugen wünscht? Und gerade dieser Dritte fehlt fast nie – das Kind – und ist mehr als ein Zeuge, nämlich der Sündenbock!

Die Ehe als langes Gespräch. – Man soll sich beim Eingehen einer Ehe die Frage vorlegen: Glaubst du, dich mit

* *Grille:* hier: skurriler Einfall.

dieser Frau bis ins Alter hinein gut zu unterhalten? Alles Andere in der Ehe ist transitorisch*, aber die meiste Zeit des Verkehrs gehört dem Gespräche an.

Zu dem Rührendsten in der guten Ehe gehört das gegenseitige Mitwissen um das widerliche Geheimnis, aus welchem das neue Kind gezeugt und geboren wird. Man empfindet namentlich in der Zeugung die Erniedrigung des Geliebtesten aus Liebe.

Das Beisammenleben der Ehegatten ist das Hauptmittel, um eine gute Ehe selten zu machen, denn selbst die besten Freundschaften vertragen dies nur selten.

»zwei Schiffe, deren jedes sein Ziel und seine Bahn hat« – Trennung

Zu nahe. – Leben wir zu nahe mit einem Menschen zusammen, so geht es uns so, wie wenn wir einen guten Kupferstich immer wieder mit bloßen Fingern anfassen: Eines Tages haben wir schlechtes beschmutztes Papier und Nichts weiter mehr in den Händen. Auch die Seele eines Menschen wird durch beständiges Angreifen endlich abgegriffen; mindestens erscheint sie uns endlich so, – wir sehen ihre ursprüngliche Zeichnung und Schönheit nie wieder. – Man verliert immer durch den allzuvertraulichen Umgang mit Frauen und Freunden; und mitunter verliert man die Perle seines Lebens dabei.

* _transitorisch:_ vorübergehend, vergänglich.

Merkmal der Entfremdung. – Das stärkste Anzeichen von Entfremdung der Ansichten bei zwei Menschen ist dies, dass beide sich gegenseitig einiges Ironische sagen, aber keiner von beiden das Ironische daran fühlt.

»Nicht dass du mich belogst, sondern dass ich dir nicht mehr glaube, hat mich erschüttert.« –

Sich zur Aufmerksamkeit zwingen. – Sobald wir merken, dass Jemand im Umgange und Gespräche mit uns sich zur Aufmerksamkeit zwingen muss, haben wir einen vollgültigen Beweis dafür, dass er uns nicht oder nicht mehr liebt.

Man denkt nie soviel an eine Freundin oder Geliebte, als wenn die Freundschaft oder Liebschaft im letzten Viertel steht.

Sternen-Freundschaft. – Wir waren Freunde und sind uns fremd geworden. Aber das ist recht so und wir wollen's uns nicht verhehlen und verdunkeln, als ob wir uns dessen zu schämen hätten. Wir sind zwei Schiffe, deren jedes sein Ziel und seine Bahn hat; wir können uns wohl kreuzen und ein Fest miteinander feiern, wie wir es getan haben, – und dann lagen die braven Schiffe so ruhig in Einem Hafen und in Einer Sonne, dass es scheinen mochte, sie seien schon am Ziele und hätten Ein Ziel gehabt. Aber dann trieb uns die allmächtige Gewalt unserer Aufgabe wieder auseinander, in verschiedene Meere und Sonnenstriche und vielleicht sehen wir uns nie wieder, – vielleicht auch sehen wir uns wohl, aber erkennen uns nicht wieder: Die verschiedenen

Meere und Sonnen haben uns verändert! Dass wir uns fremd werden müssen, ist das Gesetz über uns: Eben dadurch sollen wir uns auch ehrwürdiger werden! Eben dadurch soll der Gedanke an unsere ehemalige Freundschaft heiliger werden! Es gibt wahrscheinlich eine ungeheure unsichtbare Kurve und Sternenbahn, in der unsere so verschiedenen Straßen und Ziele als kleine Wegstrecken einbegriffen sein mögen, – erheben wir uns zu diesem Gedanken! Aber unser Leben ist zu kurz und unsere Sehkraft zu gering, als dass wir mehr als Freunde im Sinne jener erhabenen Möglichkeit sein könnten. – Und so wollen wir an unsere Sternen-Freundschaft glauben, selbst wenn wir einander Erden-Feinde sein müssten.

Zwei Freunde. – Es waren Freunde, aber sie haben aufgehört, es zu sein, und sie knüpften von beiden Seiten zugleich ihre Freundschaft los, der Eine, weil er sich zu sehr verkannt glaubte, der Andere, weil er sich zu sehr erkannt glaubte – und Beide haben sich dabei getäuscht! – denn Jeder von ihnen kannte sich selber nicht genug.

Im nächsten Verkehre. – Wenn Menschen auch noch so eng zusammengehören: Es gibt innerhalb ihres gemeinsamen Horizontes doch noch alle vier Himmelsrichtungen, und in manchen Stunden merken sie es.

Im Scheiden. – Nicht darin, wie eine Seele sich der andern nähert, sondern wie sie sich von ihr entfernt, erkenne ich ihre Verwandtschaft und Zusammengehörigkeit mit der andern.

»allein zu fliegen« –
Vereinzelung

Die goldene Wiege. – Der Freigeist wird immer aufat-
men, wenn er sich endlich entschlossen hat, jenes mutter-
hafte Sorgen und Bewachen, mit welchem die Frauen um
ihn walten, von sich abzuschütteln. Was schadet ihm denn
ein rauherer Luftzug, den man so ängstlich von ihm wehrte,
was bedeutet ein wirklicher Nachteil, Verlust, Unfall, eine
Erkrankung, Verschuldung, Betörung mehr oder weniger in
seinem Leben, verglichen mit der Unfreiheit der goldenen
Wiege, des Pfauenschweif-Wedels und der drückenden
Empfindung, noch dazu dankbar sein zu müssen, weil er wie
ein Säugling gewartet und verwöhnt wird? Deshalb kann
sich die Milch, welche die mütterliche Gesinnung der ihn
umgebenden Frauen reicht, so leicht in Galle verwandeln.

Freigeist und Ehe. – Ob die Freigeister mit Frauen leben
werden? Im Allgemeinen glaube ich, dass sie, gleich den
wahrsagenden Vögeln des Altertums, als die Wahrden-
kenden, Wahrheit-Redenden der Gegenwart es vorziehen
müssen, allein zu fliegen.

Unabhängigkeit. – Unabhängigkeit (in ihrer schwächs-
ten Dosis »Gedankenfreiheit« benannt) ist die Form der
Entsagung, welche der Herrschsüchtige endlich annimmt,
– er, der lange Das gesucht hat, was er beherrschen könnte,
und Nichts gefunden hat, als sich selber.

Sich selber verlieren. – Wenn man erst sich selber gefunden hat, muss man verstehen, sich von Zeit zu Zeit zu

verlieren − und dann wieder zu finden: vorausgesetzt, dass man ein Denker ist. Diesem ist es nämlich nachteilig, immerdar an Eine Person gebunden zu sein.

Einsame Menschen. – Manche Menschen sind so sehr an das Alleinsein mit sich selber gewöhnt, dass sie sich gar nicht mit Anderen vergleichen, sondern in einer ruhigen, freudigen Stimmung, unter guten Gesprächen mit sich, ja mit Lachen ihr monologisches Leben fortspinnen. Bringt man sie aber dazu, sich mit Anderen zu vergleichen, so neigen sie zu einer grübelnden Unterschätzung ihrer selbst: so dass sie gezwungen werden müssen, eine gute, gerechte Meinung über sich erst von Anderen wieder zu le r n e n : und auch von dieser erlernten Meinung werden sie immer wieder Etwas abziehen und abhandeln wollen. – Man muss also gewissen Menschen ihr Alleinsein gönnen und nicht so albern sein, wie es häufig geschieht, sie deswegen zu bedauern.

»alles, was da ist, sehr schön zu finden« – Sichtweisen

Von sich absehen ist nötig, um gut zu s e h e n.

Wann Abschied nehmen nottut. – Von dem, was du erkennen und messen willst, musst du Abschied nehmen, wenigstens auf eine Zeit. Erst wenn du die Stadt verlassen hast, siehst du, wie hoch sich ihre Türme über die Häuser erheben.

Ferne Perspektiven. – A: Aber warum diese Einsamkeit? – B: Ich zürne Niemandem. Aber allein scheine ich meine Freunde deutlicher und schöner zu sehen, als zusammen mit ihnen; und als ich die Musik am meisten liebte und empfand, lebte ich ferne von ihr. Es scheint, ich brauche die fernen Perspektiven, um gut von den Dingen zu denken.

Sich die Vorteile eines Toten verschaffen – es kümmert sich Keiner um uns, weder für noch wider. Sich wegdenken aus der Menschheit, die Begehrungen aller Art verlernen: und den ganzen Überschuss von Kraft auf das **Zu**schauen verwenden. Der unsichtbare Zuschauer sein!!

Feiner als nötig. – Unser Beobachtungssinn dafür, ob Andere unsere Schwächen wahrnehmen, ist viel feiner, als unser Beobachtungssinn für die Schwächen Anderer: woraus sich also ergibt, dass er feiner ist, als nötig wäre.

Das Urteil des Abends. – Wer über sein Tages- und Lebenswerk nachdenkt, wenn er am Ende und müde ist, kommt gewöhnlich zu einer melancholischen Betrachtung: Das liegt aber nicht am Tage und am Leben, sondern an der Müdigkeit. – Mitten im Schaffen nehmen wir uns gewöhnlich keine Zeit zu Urteilen über das Leben und das Dasein, und mitten im Genießen auch nicht: Kommt es aber einmal doch dazu, so geben wir Dem nicht mehr Recht, welcher auf den siebenten Tag und die Ruhe wartete, um Alles, was da ist, sehr schön zu finden, – er hatte den besseren Augenblick verpasst.

In der Ermüdung werden wir auch von längst überwundenen Begriffen angefallen.

Wer mit Ungeheuern kämpft, mag zusehn, dass er nicht dabei zum Ungeheuer wird. Und wenn du lange in einen Abgrund blickst, blickt der Abgrund auch in dich hinein.

Das Glück fassen und erdrosseln, erwürgen, ersticken mit seiner Umarmung: – die Melancholie solcher Erlebnisse – es würde sonst fliehen und entschlüpfen?

Von der Erleichterung des Lebens. – Ein Hauptmittel, um sich das Leben zu erleichtern, ist das Idealisieren aller Vorgänge desselben; man soll sich aber aus der Malerei recht deutlich machen, was idealisieren heißt. Der Maler verlangt, dass der Zuschauer nicht zu genau, zu scharf zusehe, er zwingt ihn in eine gewisse Ferne zurück, damit er von dort aus betrachte; er ist genötigt, eine ganz bestimmte Entfernung des Betrachters vom Bilde vorauszusetzen; ja er muss sogar ein ebenso bestimmtes Maß von Schärfe des Auges bei seinem Betrachter annehmen; in solchen Dingen darf er durchaus nicht schwanken. Jeder also, der sein Leben idealisieren will, muss es nicht zu genau sehen wollen und seinen Blick immer in eine gewisse Entfernung zurückbannen. Dieses Kunststück verstand zum Beispiel Goethe.

Sündlosigkeit des Menschen. – Hat man begriffen, »wie die Sünde in die Welt gekommen« ist, nämlich durch Irrtümer der Vernunft, vermöge deren die Menschen unter einander, ja der einzelne Mensch sich selbst für viel schwärzer und böser nimmt, als es tatsächlich der Fall ist, so wird die ganze Empfindung sehr erleichtert, und Menschen und Welt erscheinen mitunter in einer Glorie von Harmlosigkeit, dass es Einem von Grund aus wohl dabei wird. Der

Mensch ist inmitten der Natur immer das Kind an sich. Dies Kind träumt wohl einmal einen schweren beängstigenden Traum, wenn es aber die Augen aufschlägt, so sieht es sich immer wieder im Paradiese.

Klein sein können. – Man muss den Blumen, Gräsern und Schmetterlingen auch noch so nahe sein wie ein Kind, das nicht viel über sie hinweg reicht. Wir Älteren dagegen sind über sie hinausgewachsen und müssen uns zu ihnen herablassen; ich meine, die Gräser hassen uns, wenn wir unsere Liebe für sie bekennen. – Wer an allem Guten Teil haben will, muss auch zu Stunden klein zu sein verstehen.

Reife des Mannes: Das heißt den Ernst wiedergefunden haben, den man als Kind hatte, beim Spiel.

Buatschleli batscheli
  bim bim bim
Buatscheli batschleli
  bim!

»Jahresringe der individuellen Kultur« – Werden und Vergehen

Jedes Ding hat 2 Gesichter: eins des Vergehens, eins des Werdens.

Der Mensch ist als Kind vom Tier am weitesten entfernt, sein Intellekt am menschlichsten. Mit dem fünfzehnten Jahre und der Pubertät tritt er dem Tiere einen Schritt näher, mit dem Besitzsinne der dreißiger Jahre (der mittleren Linie zwischen Faulheit und Begehrlichkeit) noch einen Schritt.

Im sechzigsten Lebensjahr verliert sich häufig noch die Scham; dann tritt der siebzigjährige Alte ganz als entschleierte Bestie vor uns hin: Man sehe nur nach Augen und Gebiss.

Lebensalter der Anmaßung. – Zwischen dem sechsundzwanzigsten und dreißigsten Jahre liegt bei begabten Menschen die eigentliche Periode der Anmaßung; es ist die Zeit der ersten Reife, mit einem starken Rest von Säuerlichkeit. Man fordert auf Grund dessen, was man in sich fühlt, von Menschen, welche Nichts oder wenig davon sehen, Ehre und Demütigung, und rächt sich, weil diese zunächst ausbleiben, durch jenen Blick, jene Gebärde der Anmaßung, jenen Ton der Stimme, die ein feines Ohr und Auge an allen Produktionen jenes Alters, seien es Gedichte, Philosophien, oder Bilder und Musik, wiedererkennt. Ältere erfahrene Männer lächeln dazu und mit Rührung gedenken sie dieses schönen Lebensalters, in dem man böse über das Geschick ist, so viel zu sein und so wenig zu scheinen. Später scheint man wirklich mehr, – aber man hat den guten Glauben verloren, viel zu sein: Man bleibe denn zeitlebens ein unverbesserlicher Narr der Eitelkeit.

Umgang und Anmaßung. – Man verlernt die Anmaßung, wenn man sich immer unter verdienten Menschen weiß; Allein-sein pflanzt Übermut. Junge Leute sind anmaßend, denn sie gehen mit Ihresgleichen um, welche alle Nichts sind, aber gerne viel bedeuten.

Die Täglich-Abgenützten. – Diesen jungen Männern fehlt es weder an Charakter, noch an Begabung, noch an

Fleiß: aber man hat ihnen nie Zeit gelassen, sich selber eine Richtung zu geben, vielmehr sie von Kindesbeinen an gewöhnt, eine Richtung zu empfangen. Damals, als sie reif genug waren, um »in die Wüste geschickt zu werden«, tat man etwas Anderes, – man benutzte sie, man entwendete sie sich selber, man erzog sie zu dem täglichen Abgenutztwerden, man machte ihnen eine Pflichtenlehre daraus – und jetzt können sie es nicht mehr entbehren und wollen es nicht anders. Nur darf man diesen armen Zugtieren ihre »Ferien« nicht versagen – wie man es nennt, dies Muße-Ideal eines überarbeiteten Jahrhunderts: wo man einmal nach Herzenslust faulenzen und blödsinnig und kindisch sein darf.

Stimmklang der Lebensalter. – Der Ton, indem Jünglinge reden, loben, tadeln, dichten, missfällt dem Ältergewordenen, weil er zu laut ist und zwar zugleich dumpf und undeutlich wie der Ton in einem Gewölbe, der durch die Leerheit eine solche Schallkraft bekommt; denn das Meiste, was Jünglinge denken, ist nicht aus der Fülle ihrer eigenen Natur herausgeströmt, sondern ist Anklang, Nachklang von dem, was in ihrer Nähe gedacht, geredet, gelobt, getadelt worden ist. Weil aber die Empfindungen (der Neigung und Abneigung) viel stärker, als die Gründe für jene, in ihnen nachklingen, so entsteht, wenn sie ihre Empfindung wieder laut werden lassen, jener dumpfe, hallende Ton, welcher für die Abwesenheit oder die Spärlichkeit von Gründen das Kennzeichen abgibt. Der Ton des reiferen Alters ist streng, kurz abgebrochen, mäßig laut, aber, wie alles deutlich Artikulierte, sehr weit tragend. Das Alter endlich bringt häufig eine gewisse Milde und Nachsicht in den

Klang und verzuckert ihn gleichsam: In manchen Fällen freilich versäuert sie ihn auch.

Zunahme des Interessanten. – Im Verlaufe der höheren Bildung wird dem Menschen Alles interessant, er weiß die belehrende Seite einer Sache rasch zu finden und den Punkt anzugeben, wo eine Lücke seines Denkens mit ihr ausgefüllt oder ein Gedanke durch sie bestätigt werden kann. Dabei verschwindet immer mehr die Langeweile, dabei auch die übermäßige Erregbarkeit des Gemütes. Er geht zuletzt wie ein Naturforscher unter Pflanzen, so unter Menschen herum und nimmt sich selber als ein Phänomen wahr, welches nur seinen erkennenden Trieb stark anregt.

Das Können, nicht das Wissen, durch die Wissenschaft geübt. – Der Wert davon, dass man zeitweilig eine strenge Wissenschaft streng betrieben hat, beruht nicht gerade auf deren Ergebnissen: Denn diese werden, im Verhältnis zum Meere des Wissenswerten, ein verschwindend kleiner Tropfen sein. Aber es ergibt einen Zuwachs an Energie, an Schlussvermögen, an Zähigkeit der Ausdauer; man hat gelernt, einen Zweck zweckmäßig zu erreichen. Insofern ist es sehr schätzbar, in Hinsicht auf Alles, was man später treibt, einmal ein wissenschaftlicher Mensch gewesen zu sein.

Unsere Eltern wachsen noch in uns nach, ihre später erworbenen Eigenschaften, die im Embryon auch vorhanden sind, brauchen Zeit. Die Eigenschaften des Vaters damals als er Mann war, lernen wir erst als Mann kennen.

Man ist am wenigsten mit seinen Eltern verwandt: Es wäre das äußerste Zeichen von Gemeinheit, seinen Eltern verwandt zu sein. Die höheren Naturen haben ihren Ursprung unendlich weiter zurück, auf sie hin hat am längsten gesammelt, gespart, gehäuft werden müssen.

Man ist vielmehr das Kind seiner vier Großeltern als seiner zwei Eltern: Das liegt daran, dass in der Zeit, wo wir gezeugt wurden, die Eltern meistens sich selbst noch nicht festgestellt hatten; die Keime des großväterlichen Typus werden in uns reif; in unsren Kindern die Keime unsrer Eltern.

Fortleben der Eltern. – Die unaufgelösten Dissonanzen im Verhältnis von Charakter und Gesinnung der Eltern klingen in dem Wesen des Kindes fort und machen seine innere Leidensgeschichte aus.

Jahresringe der individuellen Kultur. – Die Stärke und Schwäche der geistigen Produktivität hängt lange nicht so an der angeerbten Begabung, als an dem mitgegebenen Maße von Spannkraft. Die meisten jungen Gebildeten von dreißig Jahren gehen um diese Frühsonnenwende ihres Lebens zurück und sind für neue geistige Wendungen von da an unlustig. Deshalb ist dann gleich wieder zum Heile einer fort und fort wachsenden Kultur eine neue Generation nötig, die es nun aber ebenfalls nicht weit bringt: Denn um die Kultur des Vaters nachzuholen, muss der Sohn die angeerbte Energie, welche der Vater auf jener Lebensstufe, als er den Sohn zeugte, selber besaß, fast aufbrauchen; mit dem kleinen Überschuss kommt er weiter (denn weil hier der Weg zum zweiten Mal gemacht wird, geht es ein Wenig schneller vorwärts; der Sohn verbraucht, um das Selbe zu lernen, was der Vater wusste, nicht ganz so viel Kraft). Sehr spannkräftige Männer, wie zum Beispiel Goethe, durchmessen so viel als kaum vier Generationen hinter einander vermögen; deshalb kommen sie aber zu schnell voraus, so dass die anderen Menschen sie erst in dem nächsten Jahrhundert einholen, vielleicht nicht einmal völlig, weil durch die häufigen Unterbrechungen die Geschlossenheit der Kultur, die Konsequenz der Entwicklung geschwächt worden ist. – Die gewöhnlichen Phasen der geistigen Kultur, welche im Verlauf der Geschichte errungen ist, holen die Menschen immer schneller nach. Sie beginnen gegenwärtig in die Kultur als religiös bewegte Kinder einzutreten und bringen es vielleicht im zehnten Lebensjahre zur höchsten Lebhaftigkeit dieser Empfindungen, gehen dann in abgeschwächtere Formen (Pantheismus) über, während sie sich der Wissenschaft nähern; kommen über Gott, Unsterblichkeit und dergleichen ganz hinaus, aber verfallen den Zaubern einer metaphysischen Philosophie. Auch diese wird ihnen endlich unglaubwürdig; die Kunst scheint dagegen immer mehr zu gewähren, so dass eine Zeit lang die Metaphysik kaum noch in einer Umwandelung zur Kunst oder als künstlerisch verklärende Stimmung übrig bleibt und fortlebt. Aber der wissenschaftliche Sinn wird immer gebieterischer und führt den Mann hin zur Naturwissenschaft und Historie und namentlich zu den strengsten Methoden des Erkennens, während der Kunst eine immer mildere und anspruchslosere Bedeutung zufällt. Dies Alles pflegt sich jetzt innerhalb der ersten dreißig Jahre eines Mannes zu ereignen. Es ist die Rekapitulation eines

Pensums, an welchem die Menschheit vielleicht dreißig-
tausend Jahre sich abgearbeitet hat.

Durch Alkohol bringt man sich auf die Stufe der Kultur zurück, die man überwunden hat. Alle Speisen haben irgend
eine Offenbarung über die Vergangenheit, aus der wir
wurden.

Wie man stirbt, ist gleichgültig. – Die ganze Art, wie
ein Mensch während seines vollen Lebens, seiner blühen-
den Kraft an den Tod denkt, ist freilich sehr sprechend und
zeugnisgebend für Das, was man seinen Charakter nennt;
aber die Stunde des Sterbens selber, seine Haltung auf dem
Totenbette ist fast gleichgültig dafür. Die Erschöpfung des
ablaufenden Daseins, namentlich wenn alte Leute sterben,
die unregelmäßige oder unzureichende Ernährung des Ge-
hirns während dieser letzten Zeit, das gelegentlich sehr Ge-
waltsame des Schmerzes, das Unerprobte und Neue des
ganzen Zustandes und gar zu häufig der An- und Rückfall
von abergläubischen Eindrücken und Beängstigungen, als
ob am Sterben viel gelegen sei und hier Brücken schauer-
lichster Art überschritten würden, – dies alles erlaubt es
nicht, das Sterben als Zeugnis über den Lebenden zu benüt-
zen. Auch ist es nicht wahr, dass der Sterbende im allgemeinen ehrlicher wäre als der Lebende: Vielmehr wird fast
jeder durch die feierliche Haltung der Umgebenden, die
zurückgehaltenen oder fließenden Tränen- und Gefühlsbä-
che zu einer bald bewussten, bald unbewussten Komödie
der Eitelkeit verführt. Der Ernst, mit dem jeder Sterbende
behandelt wird, ist gewiss gar manchem armen verachteten
Teufel der feinste Genuss seines ganzen Lebens und eine

Art Schadenersatz und Abschlagszahlung für viele Entbehrungen gewesen.

Nicht gar so wichtig. – Bei einem Sterbefalle, dem man zusieht, steigt ein Gedanke regelmäßig auf, den man sofort, aus einem falschen Gefühl der Anständigkeit, in sich unterdrückt: dass der Akt des Sterbens nicht so bedeutend sei, wie die allgemeine Ehrfurcht behauptet, und dass der Sterbende im Leben wahrscheinlich wichtigere Dinge verloren habe, als er hier zu verlieren im Begriffe steht. Das Ende ist hier gewiss nicht das Ziel. –

Nach dem Tode. – Wir finden es gewöhnlich erst lange nach dem Tode eines Menschen unbegreiflich, dass er fehlt: bei ganz großen Menschen oft erst nach Jahrzehnten. Wer ehrlich ist, meint bei einem Todesfalle gewöhnlich, dass eigentlich nicht viel fehle und dass der feierliche Leichenredner ein Heuchler sei. Erst die Not lehrt das Nötig-Sein eines Einzelnen, und das rechte Epitaph* ist ein später Seufzer.

>>die Schätzung des beschaulichen Lebens<< – Regung und Ruhe

Nicht zu schwer nehmen. – Sich wund liegen ist unangenehm, aber doch kein Beweis gegen die Güte der Kur, nach der man bestimmt wurde, sich zu Bett zu legen. – Menschen, die lange außer sich lebten und endlich sich dem philosophischen Innen- und Binnenleben zuwandten, wis-

---

* *Epitaph:* hier: Spruch für den Grabstein.

sen, dass es auch ein Sich-wund-liegen von Gemüt und Geist gibt. Dies ist also kein Argument gegen die gewählte Lebensweise im Ganzen, macht aber einige kleine Ausnahmen und scheinbare Rückfälligkeiten nötig.

Wert eines Berufes. – Ein Beruf macht gedankenlos; darin liegt sein größter Segen. Denn er ist eine Schutzwehr, hinter welche man sich, wenn Bedenken und Sorgen allgemeiner Art Einen anfallen, erlaubtermaßen zurückziehen kann.

Sich Schmerzen machen. – Rücksichtslosigkeit des Denkens ist oft das Zeichen einer unfriedlichen inneren Gesinnung, welche Betäubung begehrt.

Arznei der Seele. – Still-liegen und Wenig-denken ist das wohlfeilste Arzneimittel für alle Krankheiten der Seele und wird, bei gutem Willen, von Stunde zu Stunde seines Gebrauchs angenehmer.

Wert der Krankheit. – Der Mensch, der krank zu Bette liegt, kommt mitunter dahinter, dass er für gewöhnlich an seinem Amte, Geschäfte oder an seiner Gesellschaft krank ist und durch sie jede Besonnenheit über sich verloren hat: Er gewinnt diese Weisheit aus der Muße, zu welcher ihn seine Krankheit zwingt.

Gefährliche Reizbarkeit. – Begabte Menschen, die aber träge sind, werden immer etwas gereizt erscheinen, wenn einer ihrer Freunde mit einer tüchtigen Arbeit fertig geworden ist. Ihre Eifersucht ist rege, sie schämen sich ihrer

Faulheit – oder vielmehr, sie befürchten, der Tätige verachte sie gegenwärtig noch mehr als sonst. In dieser Stimmung kritisieren sie das neue Werk – und ihre Kritik wird zur Rache, zum höchsten Befremden des Urhebers.

Ungeduld. – Es gibt einen Grad von Ungeduld bei Menschen der Tat und des Gedankens, welcher sie, bei einem Misserfolge, sofort in das entgegengesetzte Reich übertreten, sich dort passionieren und in Unternehmungen einlassen heißt, – bis auch von hier wieder ein Zögern des Erfolges sie vertreibt: So irren sie, abenteuernd und heftig, durch die Praxis vieler Reiche und Naturen und können zuletzt, durch die Allkenntnis von Menschen und Dingen, welche ihre ungeheure Wanderung und Übung in ihnen zurücklässt, und bei einiger Milderung ihres Triebes, – zu mächtigen Praktikern werden. So wird ein Fehler des Charakters zur Schule des Genies.

Die Posse vieler Arbeitsamen. – Sie erkämpfen durch ein Übermaß von Anstrengung sich freie Zeit und wissen nachher Nichts mit ihr anzufangen, als die Stunden abzuzählen, bis sie abgelaufen sind.

Dass das Heute nicht das Morgen um seine Pflicht bestehle!

Die Überzeugungstreuen. – Wer viel zu tun hat, behält seine allgemeinen Ansichten und Standpunkte fast unverändert bei. Ebenso Jeder, der im Dienst einer Idee arbeitet: Er wird die Idee selber nie mehr prüfen, dazu hat er keine Zeit mehr; ja es geht gegen sein Interesse, sie überhaupt noch für diskutierbar zu halten.

Viel schlafen. – Was tun, um sich anzuregen, wenn man müde und seiner selbst satt ist? Der Eine empfiehlt die Spielbank, der Andere das Christentum, der Dritte die Elektrizität. Das Beste aber, mein lieber Melancholiker, ist und bleibt: viel schlafen, eigentlich und uneigentlich! So wird man auch seinen Morgen wieder haben! Das Kunststück der Lebensweisheit ist, den Schlaf jeder Art zur rechten Zeit einzuschieben wissen.

Man soll auch von Zeit zu Zeit seine Tugenden schlafen lassen.

Schläfrig und zufrieden wie die Sonne in den Gassen einer kleinen Stadt am Feiertage.

Hauptmangel der tätigen Menschen. – Den Tätigen fehlt gewöhnlich die höhere Tätigkeit: ich meine die individuelle. Sie sind als Beamte, Kaufleute, Gelehrte, das heißt als Gattungswesen tätig, aber nicht als ganz bestimmte einzelne und einzige Menschen; in dieser Hinsicht sind sie faul. – Es ist das Unglück der Tätigen, dass ihre Tätigkeit fast immer ein Wenig unvernünftig ist. Man darf zum Beispiel bei dem geldsammelnden Banquier nach dem Zweck seiner rastlosen Tätigkeit nicht fragen: Sie ist unvernünftig. Die Tätigen rollen, wie der Stein rollt, gemäß der Dummheit der Mechanik. – Alle Menschen zerfallen, wie zu allen Zeiten so auch jetzt noch, in Sklaven und Freie; denn wer von seinem Tage nicht zwei Drittel für sich hat, ist ein Sklave, er sei übrigens wer er wolle: Staatsmann, Kaufmann, Beamter, Gelehrter.

Zu Gunsten der Müßigen. – Zum Zeichen dafür, dass die Schätzung des beschaulichen Lebens abgenommen hat, wetteifern die Gelehrten jetzt mit den tätigen Menschen in einer Art von hastigem Genusse, so dass sie also diese Art, zu genießen, höher zu schätzen scheinen, als die, welche ihnen eigentlich zukommt und welche in der Tat viel mehr Genuss ist. [...] Es ist aber ein edel Ding um Muße und Müßiggehen. – Wenn Müßiggang wirklich der Anfang aller Laster ist, so befindet er sich also wenigstens in der nächsten Nähe aller Tugenden; der müßige Mensch ist immer noch ein besserer Mensch als der tätige. – Ihr meint doch nicht, dass ich mit Muße und Müßiggehen auf euch ziele, ihr Faultiere? –

»der Ernst des Handwerks« –
Begabung und Bemühung

Werke und Glaube. – Immer noch wird durch die protestantischen Lehrer jener Grundirrtum fortgepflanzt: dass es nur auf den Glauben ankomme und dass aus dem Glauben die Werke notwendig folgen müssen. Dies ist schlechterdings nicht wahr, aber klingt so verführerisch, dass es schon andere Intelligenzen, als die Luthers (nämlich die des Sokrates und Plato) betört hat: obwohl der Augenschein aller Erfahrungen aller Tage dagegen spricht. Das zuversichtlichste Wissen oder Glauben kann nicht die Kraft zur Tat, noch die Gewandtheit zur Tat geben, es kann nicht die Übung jenes feinen, vielteiligen Mechanismus ersetzen, welche vorhergegangen sein muss, damit irgend Etwas aus einer Vorstellung sich in Aktion verwandeln könne. Vor Allem und zuerst die Werke! Das heißt Übung, Übung,

Übung! Der dazu gehörige »Glaube« wird sich schon einstellen, – dessen seid versichert!

Begabung. – In einer so hoch entwickelten Menschheit, wie die jetzige ist, bekommt von Natur Jeder den Zugang zu vielen Talenten mit. Jeder hat angeborenes Talent, aber nur Wenigen ist der Grad von Zähigkeit, Ausdauer, Energie angeboren und anerzogen, so dass er wirklich ein Talent wird, also wird, was er ist, das heißt: es in Werken und Handlungen entladet.

Auch unser Lernen und unser Fleiß sind Sache der Begabung.

Talent. – Das Talent manches Menschen erscheint geringer als es ist, weil er sich immer zu große Aufgaben gestellt hat.

Es ist ein Zeichen von Größe, mit geringen Gaben hoch beglücken zu können.

Original. – Nicht dass man etwas Neues zuerst sieht, sondern dass man das Alte, Altbekannte, von Jedermann Gesehene und Übersehene wie neu sieht, zeichnet die eigentlich originalen Köpfe aus. Der erste Entdecker ist gemeinhin jener ganz gewöhnliche und geistlose Phantast – der Zufall.

Der Ernst des Handwerks. – Redet nur nicht von Begabung, angeborenen Talenten! Es sind große Männer aller Art zu nennen, welche wenig begabt waren. Aber sie bekamen Größe, wurden »Genies« (wie man sagt), durch Eigenschaften, von deren Mangel Niemand gern redet, der sich ihrer bewusst ist: Sie hatten Alle jenen tüchtigen Handwerker-Ernst, welcher erst lernt, die Teile vollkommen zu bilden, bis er es wagt, ein großes Ganzes zu machen; sie gaben sich Zeit dazu, weil sie mehr Lust am Gutmachen des Kleinen, Nebensächlichen hatten, als an dem Effekte eines blendenden Ganzen. Das Rezept zum Beispiel, wie Einer ein guter Novellist werden kann, ist leicht zu geben, aber die Ausführung setzt Eigenschaften voraus, über die man hinwegzusehen pflegt, wenn man sagt »ich habe nicht genug Talent«. Man mache nur hundert und mehr Entwürfe zu Novellen, keinen länger als zwei Seiten, doch von solcher Deutlichkeit, dass jedes Wort darin notwendig ist; man schreibe täglich Anekdoten nieder, bis man es lernt, ihre prägnanteste, wirkungsvollste Form zu finden, man sei unermüdlich im Sammeln und Ausmalen menschlicher Typen und Charaktere, man erzähle vor Allem so oft es möglich ist und höre erzählen, mit scharfem Auge und Ohr für die Wirkung auf die anderen Anwesenden, man reise wie ein Landschaftsmaler und Kostümzeichner, man exzerpiere sich aus einzelnen Wissenschaften alles Das, was künstlerische Wirkungen macht, wenn es gut dargestellt wird, man denke endlich über die Motive der menschlichen Handlungen nach, verschmähe keinen Fingerzeig der Belehrung hierüber und sei ein Sammler von dergleichen Dingen bei Tag und Nacht. In dieser mannigfachen Übung lasse man einige zehn Jahre vorübergehen: Was dann aber in der Werkstätte geschaffen wird, darf auch hinaus in das Licht der Straße. – Wie machen es aber die Meisten? Sie fangen nicht mit dem Teile, sondern mit dem Ganzen an. Sie tun vielleicht einmal einen guten Griff, erregen Aufmerksamkeit und tun von da an immer schlechtere Griffe, aus guten, natürlichen Gründen. – Mitunter, wenn Vernunft und Charakter fehlen, um einen solchen künstlerischen Lebensplan zu gestalten, übernimmt das Schicksal und die Not die Stelle derselben und führt den zukünftigen Meister schrittweise durch alle Bedingungen seines Handwerks.

»eine Form der großen Entzückung« – Kunst

Glaube an Inspiration. – Die Künstler haben ein Interesse daran, dass man an die plötzlichen Eingebungen, die sogenannten Inspirationen glaubt; als ob die Idee des Kunstwerks, der Dichtung, der Grundgedanke einer Philosophie, wie ein Gnadenschein vom Himmel herableuchte. In Wahrheit produziert die Phantasie des guten Künstlers oder Denkers fortwährend, Gutes, Mittelmäßiges und Schlechtes, aber seine Urteilskraft, höchst geschärft und geübt, verwirft, wählt aus, knüpft zusammen; wie man jetzt aus den Notizbüchern Beethovens ersieht, dass er die herrlichsten Melodien allmählich zusammengetragen und aus vielfachen Ansätzen gewissermaßen ausgelesen hat. Wer weniger streng scheidet und sich der nachbildenden Erinnerung gern überlässt, der wird unter Umständen ein großer Improvisator werden können; aber die künstlerische Improvisation steht tief im Verhältnis zum ernst und mühevoll erlesenen Kunstgedanken. Alle Großen waren große Arbeiter, unermüdlich nicht nur im Erfinden, sondern auch im Verwerfen, Sichten, Umgestalten, Ordnen.

Das Pathos gehört in die Kunst. – Wer wird nicht giftig und innerlich aufgebracht, wenn er einen hört, der sein Leben gar zu pathetisch nimmt und von »Golgatha« und »Gethsemane« redet! – Wir vertragen das Pathetische nur in der Kunst; der lebende Mensch soll schlicht und nicht zu laut sein.

Beseelung der Kunst. – Die Kunst erhebt ihr Haupt, wo die Religionen nachlassen. Sie übernimmt eine Menge durch die Religion erzeugter Gefühle und Stimmungen, legt sie an ihr Herz und wird jetzt selber tiefer, seelenvoller, so dass sie Erhebung und Begeisterung mitzuteilen vermag, was sie vordem noch nicht konnte. Der zum Strome angewachsene Reichtum des religiösen Gefühls bricht immer wieder aus und will sich neue Reiche erobern: aber die wachsende Aufklärung hat die Dogmen der Religion erschüttert und ein gründliches Misstrauen eingeflößt: So wirft sich das Gefühl, durch die Aufklärung aus der religiösen Sphäre hinausgedrängt, in die Kunst; in einzelnen Fällen auch auf das politische Leben, ja selbst direkt auf die Wissenschaft. Überall, wo man an menschlichen Bestrebungen eine höhere düstere Färbung wahrnimmt, darf man vermuten, dass Geistergrauen, Weihrauchduft und Kirchenschatten daran hängen geblieben sind.

Die Kunst als Totenbeschwörerin. – Die Kunst versieht nebenbei die Aufgabe zu konservieren, auch wohl erloschene, verblichene Vorstellungen ein Wenig wieder aufzufärben; sie flicht, wenn sie diese Aufgabe löst, ein Band um verschiedene Zeitalter und macht deren Geister wiederkehren. Zwar ist es nur ein Scheinleben wie über Gräbern, welches hierdurch entsteht, oder wie die Wiederkehr geliebter Toten im Traume, aber wenigstens auf Augenblicke wird die alte Empfindung noch einmal rege und das Herz klopft nach einem sonst vergessenen Takte. Nun muss man wegen dieses allgemeinen Nutzens der Kunst dem Künstler selber es nachsehen, wenn er nicht in den vordersten Reihen der Aufklärung und der fortschreitenden Vermännlichung der Menschheit steht: Er ist zeitlebens ein Kind oder ein Jüngling geblieben und auf dem Standpunkt zurückgehalten, auf welchem er von seinem Kunsttriebe überfallen wurde; Empfindungen der ersten Lebensstufen stehen aber zugestandenermaßen denen früherer Zeitläufte näher, als denen des gegenwärtigen Jahrhunderts. Unwillkürlich wird es zu seiner Aufgabe, die Menschheit zu verkindlichen; Dies ist sein Ruhm und seine Begrenztheit.

Zweierlei Verkennung. – Das Unglück scharfsinniger und klarer Schriftsteller ist, dass man sie für flach nimmt und deshalb ihnen keine Mühe zuwendet: und das Glück der unklaren, dass der Leser sich an ihnen abmüht und die Freude über seinen Eifer ihnen zu Gute schreibt.

Merkmale des guten Schriftstellers. – Die guten Schriftsteller haben zweierlei gemeinsam: Sie ziehen vor, lieber verstanden als angestaunt zu werden; und sie schreiben nicht für die spitzen und überscharfen Leser.

Verwöhnt. – Man kann sich auch in Bezug auf die Helligkeit der Begriffe verwöhnen: Wie ekelhaft wird da der Verkehr mit den Halbklaren, Dunstigen, Strebenden, Ahnenden! Wie lächerlich und doch nicht erheiternd wirkt ihr ewiges Flattern und Haschen und doch nicht Fliegen- und Fangen-können!

Man muss den Mut haben, in der Kunst zu lieben, was uns wirklich zusagt und es sich eingestehen, selbst wenn es ein schlechter Geschmack ist. So kann man vorwärts kommen.

Die Kunst und nichts als die Kunst! Sie ist die große Ermöglicherin des Lebens, die große Verführerin zum Leben, das große Stimulans des Lebens.

Die Kunst als einzig überlegene Gegenkraft gegen allen Willen zur Verneinung des Lebens, als das Antichristliche, Antibuddhistische, Antinihilistische par excellence.

Die Kunst als die Erlösung des Erkennenden, – dessen, der den furchtbaren und fragwürdigen Charakter des Daseins sieht, sehn will, des Tragisch-Erkennenden.

Die Kunst als die Erlösung des Handelnden, – dessen, der den furchtbaren und fragwürdigen Charakter des Daseins nicht nur sieht, sondern lebt, leben will, des tragisch-kriegerischen Menschen, des Helden.

Die Kunst als die Erlösung des Leidenden, – als Weg zu Zuständen, wo das Leiden gewollt, verklärt, vergöttlicht wird, wo das Leiden eine Form der großen Entzückung ist.

III Selbst-Veränderung

»Gehen wir ans Meer!« –
Aus- und Aufbruchsbilder

Wunsch sein von Grund aus und als ein Adler nach fernen Küsten schweben: das heiße ich Glück.

Jenseits des Nordens, des Eises, der Härte, des Todes – unser Leben! Unser Glück!

Überdruss am Menschen. – A: Erkenne! Ja! Aber immer als Mensch! Wie? Immer vor der gleichen Komödie sitzen, in der gleichen Komödie spielen? Niemals aus anderen, als aus diesen Augen in die Dinge sehen können? Und welche unzählbaren Arten von Wesen mag es geben, deren Organe besser zur Erkenntnis taugen! Was wird am Ende aller ihrer Erkenntnis die Menschheit erkannt haben? – ihre Organe! Und das heißt vielleicht: die Unmöglichkeit der Erkenntnis! Jammer und Ekel! – B: Das ist ein böser Anfall, – die Vernunft fällt dich an! Aber morgen wirst du wieder mitten im Erkennen sein und damit auch mitten in der Unvernunft, will sagen: in der Lust am Menschlichen. Gehen wir ans Meer! –

Im Horizont des Unendlichen. – Wir haben das Land verlassen und sind zu Schiff gegangen! Wir haben die Brücke hinter uns, – mehr noch, wir haben das Land hinter uns abgebrochen! Nun, Schifflein! sieh' dich vor! Neben dir liegt der Ozean, es ist wahr, er brüllt nicht immer, und mitunter liegt er da, wie Seide und Gold und Träumerei der Güte. Aber es kommen Stunden, wo du erkennen wirst, dass er unendlich ist und dass es nichts Furchtbareres gibt, als Unendlichkeit. Oh des armen Vogels, der sich frei gefühlt hat und nun an die Wände dieses Käfigs stößt! Wehe, wenn das Land-Heimweh dich befällt, als ob dort mehr Freiheit gewesen wäre, – und es gibt kein »Land« mehr!

»werde fort und fort, der, der du bist« – Erschaffung eines »Ich«

Von der Skepsis erlöst. – A: »Andre kommen misslaunig und schwach, zernagt, wurmstichig, ja halb zerfressen aus einer allgemeinen moralischen Skepsis heraus, – ich aber mutiger und gesünder als je, mit wiedererworbenen Instinkten. Wo scharfer Wind weht, die See hoch geht und keine kleine Gefahr zu bestehen ist, da wird mir wohl. Zum Wurm bin ich nicht geworden, ob ich gleich oftmals wie ein Wurm habe arbeiten und graben müssen«. – B: Du hast eben aufgehört, Skeptiker zu sein! Denn du verneinst! – A: »Und damit habe ich wieder Ja-sagen gelernt«.

Meine Gedanken sollen mir anzeigen, wo ich stehe, aber sie sollen nicht mir verraten, wohin ich gehe – ich liebe die Unwissenheit um die Zukunft und will nicht an der Ungeduld und dem Vorwegnehmen verheißener Dinge zu Grunde gehen. Ich falle, bis ich auf den Grund komme – und will nicht mehr sagen: »Ich forsche nach dem Grunde!« Meine unsichtbare Natur ist vielleicht im Grunde weitsichtig und langatmig: Mein Geist aber ist vielleicht zu kurz für sie, er errafft mit schnellem Blicke einige ihrer letzten Zipfel und kann nicht satt werden, sich über deren Buntheit und scheinbaren Unverstand zu wundern.

Der Wanderer. – Wer nur einigermaßen zur Freiheit der Vernunft gekommen ist, kann sich auf Erden nicht anders fühlen, denn als Wanderer, – wenn auch nicht als Reisender nach einem letzten Ziele: Denn dieses gibt es nicht. Wohl aber will er zusehen und die Augen dafür offen haben, was Alles in der Welt eigentlich vorgeht; deshalb darf er sein Herz nicht allzufest an alles Einzelne anhängen; es muss in ihm selber etwas Wanderndes sein, das seine Freude an dem Wechsel und der Vergänglichkeit habe.

Werde fort und fort, der, der du bist – der Lehrer und Bildner deiner selber! Du bist kein Schriftsteller, du schreibst nur für dich! So erhältst du das Gedächtnis an deine guten Augenblicke und findest ihren Zusammenhang, die goldne Kette deines Selbst!

»periodische Wesen werden« – Verwandlungen eines »Ich«

Vorwärts. – Und damit vorwärts auf der Bahn der Weisheit, guten Schrittes, guten Vertrauens! Wie du auch bist, so diene dir selbst als Quell der Erfahrung! Wirf das Missvergnügen über dein Wesen ab, verzeihe dir dein eignes Ich, denn in jedem Falle hast du an dir eine Leiter mit hundert Sprossen, auf welchen du zur Erkenntnis steigen kannst.

Angeblich moralisch. – Ihr wollt nie mit euch unzufrieden werden, nie an euch leiden, – und nennt dies euren moralischen Hang! Nun gut, ein Andrer mag es eure Feigheit nennen. Aber Eins ist gewiss: Ihr werdet niemals die Reise um die Welt (die ihr selber seid!) machen und in euch selber ein Zufall und eine Scholle auf der Scholle bleiben! Glaubt ihr denn, dass wir Andersgesinnten der reinen Narrheit halber uns der Reise durch die eigenen Öden, Sümpfe und Eisgebirge aussetzen und Schmerzen und Überdruss an uns freiwillig erwählen, wie die Säulenheiligen?

Saugt eure Lebenslagen und Zufälle aus – und geht dann in andere über! Es genügt nicht, Ein Mensch zu sein, wenn es gleich der notwendige Anfang ist! Es hieße zuletzt doch, euch aufzufordern, beschränkt zu werden! Aber aus Einem in einen Anderen übergehen und eine Reihe von Wesen durchleben!

Wir dürfen nicht Einen Zustand wollen, sondern müssen periodische Wesen werden wollen = gleich dem Dasein.

Der gute Acker. – Alles Abweisen und Negieren zeigt einen Mangel an Fruchtbarkeit an: Im Grunde, wenn wir nur gutes Ackerland wären, dürften wir Nichts unbenützt umkommen lassen und in jedem Dinge, Ereignisse und Menschen willkommenen Dünger, Regen und Sonnenschein sehen.

Wir müssen unser Leben nicht uns durch die Hand schlüpfen lassen, durch ein »Ziel« – sondern durch die Früchte aller Jahreszeiten von uns einernten.

Unser Denken soll kräftig duften wie ein Kornfeld an Sommer-Abenden.

Was ist das Siegel der erreichten Freiheit? – Sich nicht mehr vor sich selber schämen.

Der große Stil. – Der große Stil entsteht, wenn das Schöne den Sieg über das Ungeheure davonträgt.

»goldene Losung« – Lebensregeln

Werde notwendig! Werde hell! Werde schön! Werde heil!

Gesundheit meldet sich an 1) durch einen Gedanken mit weitem Horizont 2) durch versöhnliche tröstliche vergebende Empfindungen 3) durch ein schwermütiges Lachen über den Alp, mit dem wir gerungen.

Unser Leben muss gefährlicher werden.

Seine gefährlichen Stunden ausnützen. – Man lernt einen Menschen und einen Zustand ganz anders kennen, wenn Gefahr um Hab und Gut, Ehre, Leben und Tod, für uns und unsere Liebsten, in jeder ihrer Bewegungen liegt [...]. Nun leben wir Alle vergleichungsweise in einer viel zu großen Sicherheit, als dass wir gute Menschenkenner werden könnten: Der Eine erkennt aus Liebhaberei, der Andere aus Langerweile, der Dritte aus Gewohnheit; niemals heißt es: »Erkenne, oder geh' zu Grunde!« Solange sich uns die Wahrheiten nicht mit Messern ins Fleisch schneiden, haben wir in uns einen geheimen Vorbehalt der Geringschätzung gegen sie: Sie scheinen uns immer noch den »gefiederten Träumen« zu ähnlich, wie als ob wir sie haben und auch nicht haben könnten, – als ob Etwas an ihnen in unserem Belieben stünde, als ob wir auch von diesen unseren Wahrheiten erwachen könnten!

Gleichgültig sich gegen Lob und Tadel machen; Rezepte dafür. Dagegen einen Kreis sich stiften, der um unsere Ziele und Maßstäbe weiß und der Lob und Tadel für uns bedeutet.

Schweigen lernen und weggehen lernen. Überall wo ein bestimmter Widerspruch zum Leben gehört und unserem Wesen die Luft nimmt, soll man weggehen.

An den Tagesstunden, wo der Geist seinen Flutstand hat, wer wird da nach einem Buche greifen! Da wollen wir unsre eigenen Bootsmänner und Lotsen sein.

Erster Grundsatz: erfüllbare und nahe Ideale: also individuelle!

Felsen Wind Nadelhölzer Heidegräser und viel Luft – meine Freunde.

Sich Zeit lassen zum Denken: Das Quellwasser muss wieder zusammenlaufen.

Wo man sein Haus bauen soll. – Wenn du in der Einsamkeit dich groß und fruchtbar fühlst, so wird dich die Geselligkeit verkleinern und veröden: und umgekehrt. Machtvolle Milde, wie die eines Vaters: – Wo diese Stimmung dich ergreift, da gründe dein Haus, sei es nun im Gewühl oder in der Stille. Ubi pater sum, ibi patria.[*]

Inwiefern der Denker seinen Feind liebt. – Nie Etwas zurückhalten oder dir verschweigen, was gegen deinen Gedanken gedacht werden kann! Gelobe es dir! Es gehört zur ersten Redlichkeit des Denkens. Du musst jeden Tag auch deinen Feldzug gegen dich selber führen. Ein Sieg und eine eroberte Schanze[**] sind nicht mehr deine Angelegenheit, sondern die der Wahrheit, – aber auch deine Niederlage ist nicht mehr deine Angelegenheit!

Auf seine Fehler säen.

Ich verbiete euch an diese metaphysischen Dinge zu glauben: Misstrauen ziemt sich da, und Einsicht, woher ehemals die Wertschätzung dieser Fragen kam. Durchaus menschlich muss unsere Denkweise sein!

Kindlich. – Wer lebt, wie die Kinder – also nicht um sein Brot kämpft und nicht glaubt, dass seinen Handlungen eine endgültige Bedeutung zukomme – bleibt kindlich.

---

[*] *Ubi pater sum, ibi patria:* (lat.) Wo ich Vater bin, da ist Vaterland.
[**] *Schanze:* Verteidigungswerk.

Des Tages erster Gedanke. – Das beste Mittel, jeden Tag gut zu beginnen, ist: beim Erwachen daran zu denken, ob man nicht wenigstens einem Menschen an diesem Tage eine Freude machen könne. Wenn dies als ein Ersatz für die religiöse Gewöhnung des Gebetes gelten dürfte, so hätten die Mitmenschen einen Vorteil bei dieser Änderung.

Nicht Reue! sondern Böses durch eine gute Handlung gut machen!

Meine Richtung der Kunst: nicht dort weiter dichten, wo die Grenzen sind! sondern die Zukunft des Menschen! Viele Bilder müssen da sein, nach denen gelebt werden kann!

Alle Gewöhnungen (z.B. an eine bestimmte Speise, wie Kaffe, oder eine bestimmte Zeiteinteilung) haben auf die Dauer das Ergebnis, Menschen bestimmter Art zu züchten. Also blicke um dich! Prüfe das Kleinste! Wohin will es? Gehört es zu deiner Art, zu deinem Ziele?

Den Begriff der Ernährung erweitern; sein Leben nicht falsch anlegen, wie es die tun, welche bloß ihre Erhaltung im Auge haben.

Wir wollen nach den Andern, nach allem, was außer uns ist, trachten als nach unserer Nahrung. Oft auch sind es die Früchte, welche gerade für unser Jahr reif geworden sind. – Muss man denn immer nur den Egoismus des Räubers oder Diebes haben? Warum nicht den des Gärtners? Freude an der Pflege der Andern, wie der eines Gartens!

Die Weisheit ohne Ohren. – Täglich zu hören, was über uns gesprochen wird, oder gar zu ergrübeln, was über uns gedacht wird, – das vernichtet den stärksten Mann. Darum lassen uns ja die Anderen leben, um täglich über uns Recht zu behalten! Sie würden uns ja nicht aushalten, wenn wir gegen sie Recht hätten oder gar haben wollten! Kurz, bringen wir der allgemeinen Verträglichkeit das Opfer, horchen wir nicht hin, wenn über uns geredet, gelobt, getadelt, gewünscht, gehofft wird, denken wir auch nicht einmal daran!

Und nochmals. – Redlich gegen uns selber, und wer sonst uns Freund ist, mutig gegen den Feind, großmütig gegen die Besiegten, höflich gegen Alle.

Erfahrene Menschen kehren ungern zu Gegenden, zu Personen zurück, die sie einst sehr geliebt haben. Glück und Trennung sollen an ihren Enden zusammengeknüpft werden: Da trägt man den Schatz mit fort.

Der Einwand, der Seitensprung, das fröhliche Misstrauen, die Spottlust sind Anzeichen der Gesundheit: Alles Unbedingte gehört in die Pathologie.

Sich häuten. – Die Schlange, welche sich nicht häuten kann, geht zu Grunde. Ebenso die Geister, welche man verhindert, ihre Meinungen zu wechseln; sie hören auf, Geist zu sein.

Wann es Not tut, stehen zu bleiben. – Wenn die Massen zu wüten beginnen und die Vernunft sich verdunkelt, tut man gut, sofern man der Gesundheit seiner Seele nicht ganz sicher ist, unter einen Torweg unterzutreten und nach dem Wetter auszuschauen.

Lebensregeln.

Das Leben gern zu leben
Musst du darüber stehn!
Drum lerne dich erheben!
Drum lerne – abwärts sehn!

Den edelsten der Triebe
Veredle mit Bedachtung:
Zu jedem Kilo Liebe
Nimm Ein Gran Selbstverachtung!

Bleib nicht auf ebnem Feld,
Steig nicht zu hoch hinaus!
Am schönsten sieht die Welt
Von halber Höhe aus.

Die goldene Losung. – Dem Menschen sind viele Ketten angelegt worden, damit er es verlerne, sich wie ein Tier zu gebärden: und wirklich, er ist milder, geistiger, freudiger, besonnener geworden, als alle Tiere sind. Nun aber leidet er noch daran, dass er so lange seine Ketten trug, dass es ihm so lange an reiner Luft und freier Bewegung fehlte: – diese Ketten aber sind, ich wiederhole es immer und immer wieder, jene schweren und sinnvollen Irrtümer der moralischen, der religiösen, der metaphysischen Vorstellungen. Erst wenn auch die Ketten-Krankheit überwunden ist, ist das erste große Ziel ganz erreicht: die Abtrennung des

Menschen von den Tieren. – Nun stehen wir mitten in unserer Arbeit, die Ketten abzunehmen, und haben dabei die höchste Vorsicht nötig. Nur dem veredelten Menschen darf die Freiheit des Geistes gegeben werden; ihm allein naht die Erleichterung des Lebens und salbt seine Wunden aus; er zuerst darf sagen, dass er um der Freudigkeit willen lebe und um keines weiteren Zieles willen; und in jedem anderen Munde wäre sein Wahlspruch gefährlich: Frieden um mich und ein Wohlgefallen an allen nächsten Dingen. – Bei diesem Wahlspruch für Einzelne gedenkt er eines alten großen und rührenden Wortes, welches Allen galt, und das über der gesamten Menschheit stehen geblieben ist als ein Wahlspruch und Wahrzeichen, an dem Jeder zugrunde gehen soll, der damit zu zeitig sein Banner schmückt, – an dem das Christentum zugrunde ging. Noch immer, so scheint es, ist es nicht Zeit, dass es allen Menschen jenen Hirten gleich ergehen dürfe, die den Himmel über sich erhellt sahen und jenes Wort hörten: »Friede auf Erden und den Menschen ein Wohlgefallen an einander«. – Immer noch ist es die Zeit der Einzelnen.

Wir müssen ein Ziel haben, um dessentwillen wir uns alle einander liebhaben! **Alle** sonstigen Ziele sind vernichtenswert!

Columbus novus

Dorthin will ich, und ich traue
Mir fortan und meinem Griff!
Offen ist das Meer: ins Blaue
Treibt mein Genueser Schiff.

* *

Alles wird mir neu und neuer
Hinter mir liegt Genua.
Mut! Stehst du doch selbst am Steuer,
Lieblichste Victoria!

Textnachweise

Die Texte werden, unter behutsamer Modernisierung der Orthographie, zitiert nach der Ausgabe:

Friedrich Nietzsche: Sämtliche Werke. Kritische Studienausgabe in 15 Bd. Hrsg. von Giorgio Colli und Mazzino Montinari. München: Deutscher Taschenbuch-Verlag, 1980. (Berlin / New York: de Gruyter, 1967–77.)

Angegeben ist im folgenden für jedes Textstück jeweils (in einer pro Seite laufenden Numerierung) das Werk, aus dem das Zitat stammt (abgekürzt mit den nachstehend genannten Siglen), sowie, nach dem Semikolon, Band- und Seitenzahl der *Kritischen Studienausgabe* von Colli/Montinari.

Nur an einzelnen Stellen wurden aphoristische Passagen aus längeren Textstücken herausgezogen oder Kürzungen vorgenommen, die – soweit sie sich auf den Fließtext und nicht auf den Ein- oder Ausgang eines Zitats beziehen – durch Auslassungszeichen gekennzeichnet worden sind.

Siglen der Werktitel

MA I; II	Menschliches, Allzumenschliches I und II
M	Morgenröte
FW	Die fröhliche Wissenschaft
JGB	Jenseits von Gut und Böse
GD	Götzendämmerung
A	Der Antichrist
EH	Ecce homo
NFa	Nachgelassene Fragmente 1875–1879
NFb	Nachgelassene Fragmente 1880–1882
NFc	Nachgelassene Fragmente 1882–1884
NFd	Nachgelassene Fragmente 1884–1885
NFe	Nachgelassene Fragmente 1885–1887
NFf	Nachgelassene Fragmente 1887–1889

7 NFa; 8,403.

I Selbst-Entdeckung

»diese Welt unsere Vorstellung« – Wesen der Dinge

9 1 M; 3,53. | 2 M; 3,89. | 3 MA I; 2,50. | 4 NFb; 9,436. | 5 M; 3,268. | 6 NFa; 8,468. | 10 1 M; 3,202 f. | 2 JGB; 5,113 f. | 11 1 NFa; 8,380. | 2 MA I; 2,337. | 3 MA I; 2,323. | 4 FW; 3,518. | 12 1 GD; 6,63.

»Das sogenannte ›Ich‹« – Wesen des Menschen

12 2 NFc; 10,207. | 3 NFc; 10,207. | 4 NFc; 10,391. | 5 NFc; 10,169. | 6 FW; 3,510. | 13 M; 3,107 f. | 14 1 NFc; 10,96. | 2 M; 3,115. | 3 M; 3,43 f. | 4 MA I; 2,65. | 15 1 M; 3,111. | 2 MA I; 2,31. | 16 MA I; 2,51. | 17 1 MA I; 2,318 f. | 2 MA II; 2,477.

»was ein Mensch sichtbar werden lässt« – Maskierungen

17 3 MA I; 2,71 f. | 18 1 NFb; 9,101. | 2 NFc; 10,391. | 3 NFc; 10,102. | 19 1 FW; 3,517. | 2 MA I; 2,86. | 3 M; 3,301. | 4 FW; 3,500. | 5 MA II; 2,492.

II Selbst-Abschätzung

»das Reden ins Allgemeine« – Sprechen und Denken

20 1 NFd; 11,537. | 2 NFb; 9,235. | 3 MA I; 2,317. | 4 NFb; 9,19. | 5 NFb; 9,455. | 21 1 MA II; 2,582. | 2 MA I; 2,317. | 3 MA I; 2,324.

»im Verkehre mit Menschen« – Das »Ich« in Gesellschaft

21 4 MA I; 2,239. | 5 M; 3,247 f. | 22 1 FW; 3,508. | 2 MA II; 2,594. | 3 M; 3,244. | 4 FW; 3,511. | 23 1 MA I; 2,89. | 2 MA I; 2,118. | 3 MA I; 2,87. | 4 JGB; 5,87. | 24 1 MA I; 2,254. | 2 MA I; 2,240. | 3 MA II; 2,406. | 4 MA I; 2,89. | 5 MA I; 2,251. | 25 1 M; 3,240. | 2 MA I; 2,330. | 3 MA II; 2,466. | 4 MA I; 2,242. | 5 MA II; 2,696. | 26 1 NFb; 9,180. | 2 MA I; 2,252. | 3 MA I; 2,241. | 4 MA I; 2,240. | 5 MA I; 2,325. | 6 FW; 3,416. | 27 1 MA I; 2,83. | 2 MA II; 2,519. | 3 M; 3,241. | 4 MA I; 2,257.

»habt ihr keine andere Wahl?« – Menschentypen

28 1 NFb; 9,256. | 2 NFb; 9,555. | 3 M; 3,208. | 4 JGB; 5,229. |
29 1 NFc; 10,569. | 2 FW; 3,504. | 3 NFc; 10,625. | 4 NFc; 10,127. |
5 NFc; 10,58. | 6 NFd; 11,518. | 7 MA I; 2,351. | 30 1 NFe; 12,536. |
2 MA I; 2,246. | 3 JGB; 5,232 f.

»seine Lehrer an sich abbüßen« – Bindungen

31 1 MA I; 2,192 f. | 2 MA I; 2,192. | 3 M; 3,221. | 32 1 M; 3,291. | 2 M;
3, 271. | 3 NFc; 10,105. | 4 MA II; 2,525. | 5 MA II; 2,518. | 6 MA II;
2,665.

»jenes zeitweilige Aushängen des kritischen Pendels« – Liebe

33 M; 3,130 f. | 34 1 M; 3,225. | 2 M; 3,300. | 3 NFc; 10,77. | 4 MA;
2,350. | 35 1 A; 6,191. | 2 NFe; 12,85. | 3 JGB; 5,99. | 4 MA II; 2, 569. |
36 1 NFc; 10,612. | 2 NFb; 9,130. | 3 MA I; 2,275. | 37 1 MA I; 2, 325. |
2 NFc; 10,100. | 3 NFb; 9,207. | 4 NFc; 10,194. | 5 NFb; 9,206. |
38 1 FW; 3,425. | 2 JGB; 5,86. | 3 MA II; 2,408. | 4 MA II; 2,397 f. |
39 1 NFc; 10,131. | 2 NFc; 10,47. | 3 M; 3,247.

»Mitfreude, nicht Mitleiden« – Freundschaft

40 1 MA II; 2,490. | 2 MA I; 2,320. | 3 NFb; 9,366. | 4 NFe; 12,67. |
5 MA I; 2,262 f. | 41 MA I; 2,257 f. | 42 1 M; 3,289. | 2 MA II; 2,487. |
3 MA II; 2,491. | 43 1 NFc; 10,398. | 2 MA I; 2,239.

»was man versprechen kann« –
Ehemänner und Ehefrauen

43 3 M; 3,249. | 4 MA I; 2,265. | 5 MA I; 2,76 f. | 44 1 M; 3,142 f. |
2 MA I; 2,270. | 45 1 NFa; 8,325. | 2 NFa; 8,325.

»zwei Schiffe, deren jedes sein Ziel und seine Bahn hat« –
Trennung

45 3 MA I; 2,280. | 46 1 MA I; 2,246. | 2 JGB; 5,104. | 3 MA II; 2,488. |
4 NFa; 8,371. | 5 FW; 3,523 f. | 47 1 M; 3,218. | 2 MA I; 2,661. | 3 MA
II; 2,489.

»allein zu fliegen« – Vereinzelung

48 1 MA I; 2,281. | 2 MA I; 2,279 f. | 3 M; 3,202. | 4 MA II; 2,689. |
49 1 MA I; 2,352.

»alles, was da ist, sehr schön zu finden« – Sichtweisen

49 2 NFc; 10,57. | 3 MA II; 2,689 f. | 4 M; 3,288. | **50** 1 NFb; 9,454. |
2 MA II; 2,664. | 3 M; 3,227 f. | 4 NFc; 10,393. | **51** 1 JGB; 5,98. |
2 NFe; 12,55. | 3 MA I; 2,229. | 4 MA I; 2,121. | **52** 1 MA II; 2,575 f. |
2 JGB; 5,90. | 3 NFe; 12,55.

»Jahresringe der individuellen Kultur« – Werden und Vergehen

52 4 NFc; 10,140. | **5** NFa; 8,336. | **53** 1 MA I; 2,341 f. | 2 MA I; 2,243. |
54 1 M; 3,157. | 2 MA I; 2,347. | **55** 1 MA I; 2,211. | 2 MA I; 2,212. |
3 NFb; 9,538. | **56** 1 EH; 6,268 f. | 2 NFe; 12,359. | 3 MA I; 2,265. |
4 MA I; 2,224 f. | **58** 1 NFb; 9,588. | 2 MA II; 2,411 f. | **59** 1 M; 3,238 f. |
2 MA II; 2,525 f.

»die Schätzung des beschaulichen Lebens« – Regung und Ruhe

59 3 MA II; 2,400. | **60** 1 MA I; 2,327. | 2 MA I; 2,336. | 3 MA II; 2,523. |
4 MA I; 2,234. | **5** MA II; 2,691. | **61** 1 M; 3,273 f. | 2 MA II; 2,400. |
3 NFa; 8,603. | 4 MA I; 2,322. | **62** 1 M; 3,246. | 2 NFc; 10,57. |
3 NFa; 8,587. | 4 MA I; 2,231 f. | **63** 1 MA I; 2,232.

»der Ernst des Handwerks« – Begabung und Bemühung

63 2 M; 3,34. | **64** 1 MA I; 2,219. | 2 NFc, 10,132. | 3 MA I; 2,327. |
4 NFa; 8,436. | **5** MA II; 2,465. | **6** MA I; 2,152 ff.

»eine Form der großen Entzückung« – Kunst

66 MA I; 2,146 f. | **67** 1 NFa; 8,441. | 2 MA I; 2,144. | 3 MA I; 2,142 f. |
68 1 MA I; 2,162. | 2 MA II; 2,436. | 3 MA II; 2,381. | **69** 1 NFa; 8,529. |
2 NFf; 13,521.

III Selbst-Veränderung

»Gehen wir ans Meer!« – Aus- und Aufbruchsbilder

70 1 NFc; 10,402. | 2 NFe; 12,201. | 3 M; 3,287. | 4 FW; 3,480.

»werde fort und fort, der, der du bist« – Erschaffung eines »Ich«

71 1 M; 3,284. | 2 NFb; 9,606. | 72 1 MA I; 2,362 f. | 2 NFb; 9,555.

»periodische Wesen werden« – Verwandlungen eines »Ich«

72 3 MA I; 2,235 f. | 73 1 4 M; 3,237. | 2 NFb; 9,558. | 3 NFc; 10,28. | 4 MA II; 2,515. | 74 1 NFb; 9,441. | 2 NFa; 8,545. | 3 FW; 3,519. | 4 MA II; 2,596.

»goldene Losung« – Lebensregeln

74 5 NFc; 10,209. | 6 NFb; 9,351. | 7 NFb; 9,37. | 8 M; 3,277. | 75 1 NFb; 9,441. | 2 NFb; 9,247. | 3 NFa; 8,603. | 4 NFb; 9,140. | 5 NFa; 8,587. | 6 NFa; 8,293. | 76 1 M; 3,283. | 2 M; 3,244. | 3 NFa; 8,508. | 4 NFc; 10,149. | 5 M; 3,216. | 77 1 MA I; 2,338. | 2 NFb; 9,536. | 3 NFc; 10,183. | 4 NFb; 9,525. | 5 NFb; 9,441. | 6 NFb; 9,441. | 78 1 M; 3,301. | 2 NFc; 10,83. | 3 NFa; 8,446 f. | 4 JGB; 5,100. | 5 M; 3,330. | 6 MA II; 2,502. | 79 1 NFb; 9,676. | 2 MA II; 2,702. | 80 NFc; 10,135.

81 NFc; 10,34.

Zum Autor

Friedrich Nietzsche (1844–1900) war nicht nur ein Philosoph, sondern auch ein Erzähler mythischer Legenden wie des *Zarathustra* und gleichnishafter Kurzgeschichten, ein Lyriker, ein Selbst-Biograph, vor allem aber ein Meister des Aphorismus – jener Prosagattung, die in ihrer Kürze höchste sprachliche Verdichtung und rhetorische Zuspitzung erzeugt. Dabei zielt Nietzsche beim Leser auf eine Provokation unbewusst eingespielter Denkmuster und Lebensweisen; er umreißt die persönlichkeitsverändernde Energie des Aphorismus in einer Zwischenrede seiner 1881 erschienenen Schrift *Morgenröte*: »Ein Buch wie dieses ist nicht zum Durchlesen und Vorlesen, sondern zum Aufschlagen, namentlich im Spazierengehen und auf Reisen, man muss den Kopf hinein- und immer wieder hinausstecken können und nichts Gewohntes um sich finden.« An anderer Stelle schreibt er, das »Ziel« seiner kunstvollen Sprachgebilde bestehe gerade darin, den Leser »so elastisch« zu stimmen, »daß er sich auf die Fußspitzen stellt.«

In der von Montaigne, La Rochefoucauld, Pascal, Lichtenberg und Schopenhauer geprägten Tradition der Moralistik – der Beobachtung, Beschreibung und Deutung der *mores*, der menschlichen Sitten und Gebräuche – kann Alles und Jeder Gegenstand des Aphorismus werden. Und im Sinne dieser Vorgänger reicht auch Nietzsches thematischer Fächer von Grundfragen der menschlichen Existenz über Aspekte des gesellschaftlichen und intimen Zusammenlebens bis zu Details der Ernährung, der Arbeit, der Erziehung, der Kunst. Dabei lassen sich bisweilen melancholischere und zartere Töne hören, anstatt der laut tosenden Zertrümmerung metaphysischer Weltbilder, die man von dem selbsternannten

›Philosophen mit dem Hammer‹ mit seiner epochalen Ver-
kündung vom ›Tod Gottes‹ vielfach gewohnt ist.

Die Veränderbarkeit der eigenen Persönlichkeit, die der
Leser erkennen und buchstäblich erleben soll – diese Wir-
kungsabsicht seiner Aphoristik lässt sich mit einer nachge-
lassenen Notiz Nietzsches in einem argumentativen Drei-
schritt fassen: »Selbst-Entdeckung«, »Selbst-Abschätzung«,
»Selbst-Veränderung«. Im kausalen Nacheinander betrach-
tet, fügen sich die einzelnen Begriffe zu einer Erzählung mit
emanzipatorischem Potential: Auf die *Selbst-Entdeckung*,
also die erkenntnisbringende Offenlegung des Menschen in
seinem eigentlichen Wesen, folgt die *Selbst-Abschätzung*,
verstanden als kritische Bewertung des gesellschaftlich bestimmten Denkens und Handelns in all seinen Facetten. Erst
auf der Grundlage dieser negativen Arbeit kann es schließlich zur *Selbst-Veränderung* kommen – und der Mensch
›wird, wer er ist‹.

Dieser von Nietzsche vorgegebenen Erzähllogik folgt
auch die vorliegende kleine Auswahl an Aphorismen und
aphoristischen Notizen, Fragmenten und Textauszügen sowie einzelnen Gedichten. Darüber hinaus versammeln einzelne Unterpunkte thematisch zusammenhängende Texte
unter entsprechenden Oberbegriffen, und auch zwischen
ihnen wird der Leser selbst Verweise und Bezüge erkennen.